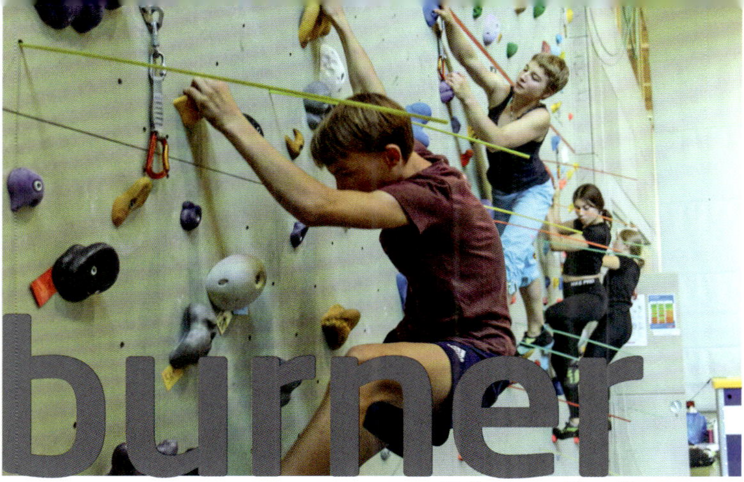

burner climbing

Spielformen
für vertikale
Action

Vorwort

Sportklettern liegt im Trend. Menschen jeden Alters entdecken die Sportart für sich und in den Städten gibt es jährlich neue Kletter- und Boulderhallen. Entsprechend ist die Ausbildung der Lehrpersonen in diesem Bereich sehr wichtig und im außerschulischen Bereich sind kompetente Leitende gefragt.

Dieses Lehrmittel ermöglicht durch einfach verständliche Bewegungs- und Lernaufgaben einen Einstieg für alle Lehrpersonen und Leitende in den Bereich des Sportkletterns. Hierbei wird auf spielerische Formen gesetzt, um die Motivation der Lernenden zu wecken und hochzuhalten.

Die vielfältigen Bewegungs- und Lernaufgaben sind im praktischen Kurs- und Unterrichtsalltag entstanden, inspiriert durch verschiedenste Quellen. Mit unseren Kompetenzen im Klettern, Fachdidaktik Sport, Sportwissenschaft und Psychologie werden verschiedene Zugänge berücksichtigt und mehrperspektivisch verschiedene Aspekte näher beleuchtet, die zum Gelingen der Umsetzung des Sportkletterns im Unterricht beitragen.

Jasmin Biller (Kletterlehrerin, Psychologin)

Manuela Catillaz (Dozentin Fachdidaktik Sport, Sportwissenschaftlerin)

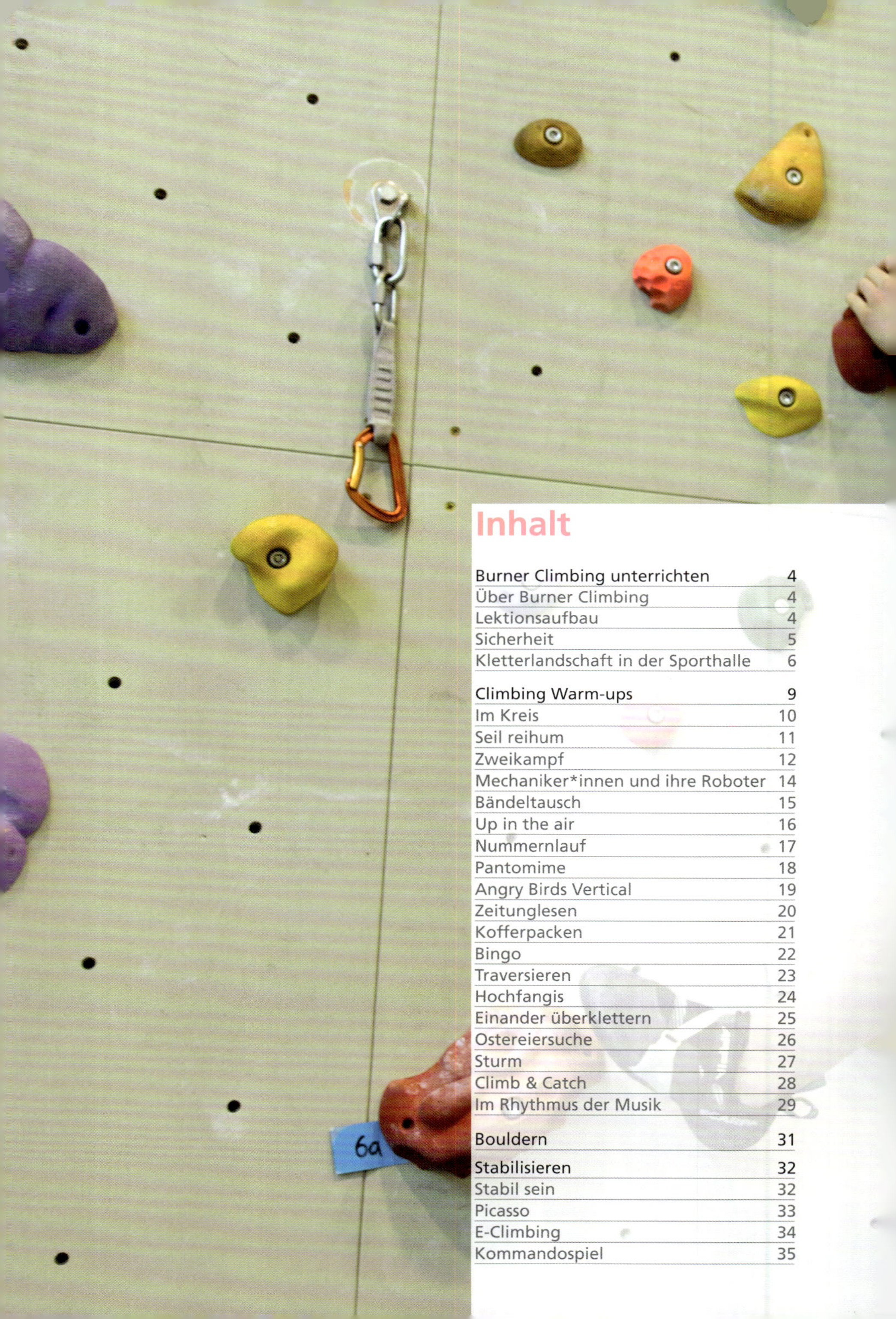

Inhalt

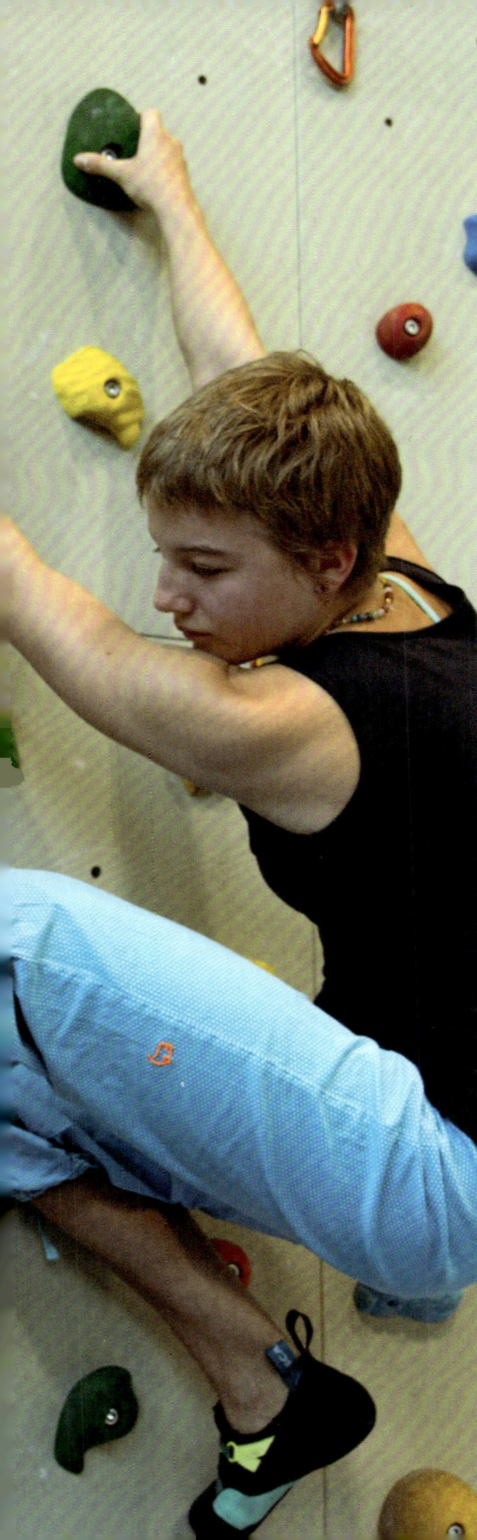

Inhalt

Burner Climbing unterrichten

Vielseitige Bewegungserfahrungen und umfassende Kompetenzentwicklung

Klettern zählt zu einer der zehn Bewegungsgrundformen. In den ersten Lebensjahren entwickeln Kinder eine Vielzahl an elementaren Bewegungen, die sich zu diesen Bewegungsgrundformen gruppieren lassen (vgl. BASPO, 2021). Bereits Kleinkinder klettern auf einen Stuhl oder ziehen sich an den Beinen der Eltern hoch, um auf die Füße zu kommen. Zu einem späteren Zeitpunkt folgt die Faszination Bäume, Geländer, Mauern, Spielplatzeinrichtungen oder eben Felsbrocken zu erklimmen. Für eine ganzheitliche, gesunde Entwicklung und für die weiteren Lernphasen in der Sportart ist es wichtig, dass Kinder und Jugendliche vielseitige Bewegungserfahrungen sammeln (vgl. BASPO und Swiss Olympic, 2015). Dem Entdecken, Erwerben und Festigen dieser verschiedenen Bewegungsgrundformen (z. B. Springen, Balancieren, Drehen, Rhythmisieren, Werfen, Fangen, etc.) wird in der vorliegenden Aufgabensammlung Rechnung getragen.

Das Klettern befriedigt in einzigartiger Weise die nach Deci und Ryan (1993) definierten Grundbedürfnisse eines Menschen: dem Streben nach Autonomie, Kompetenz sowie sozialer Eingebundenheit. Auf die psychologische Komponente wird mit den vorliegenden vielseitigen Bewegungs- und Lernaufgaben gezielt eingegangen. Individuelle Lösungen und Kreativität werden gefördert und der Regel «was funktioniert, ist gut» wird Raum gegeben, um Autonomie und Kompetenz zu erleben. Um diesem Verständnis näher zu kommen, wird in diesem Buch nicht nur auf Bewegungsaufgaben fokussiert. Wir bieten den Lehrpersonen die Möglichkeit, Lernende durch Lernaufgaben in ihrer Kompetenzentwicklung zu unterstützen und ihr persönliches Kompetenzerleben zu fördern. Lernaufgaben ermöglichen bei den Lernenden verschiedene Lösungswege und sollen sie nicht auf einen engen, vorab festgelegten Weg zwingen (vgl. Hayoz et al., 2021).

Lektionsaufbau

Lektionen werden anhand der Dreiteilung (a) Aufwärmen, (b) Hauptteil und (c) Ausklang aufgebaut. Die Bewegungs- und Lernaufgaben des «burner climbing» sind anhand dieser drei Teile gegliedert.

- Das Aufwärmen (a) dient der körperlichen und kognitiven Vorbereitung, sowie der Verringerung der Verletzungsgefahr, indem der Herzkreislauf angeregt, die wichtigsten Muskelgruppen aufgewärmt, die Gelenke mobilisiert werden und mental auf das Sportklettern vorbereitet wird.

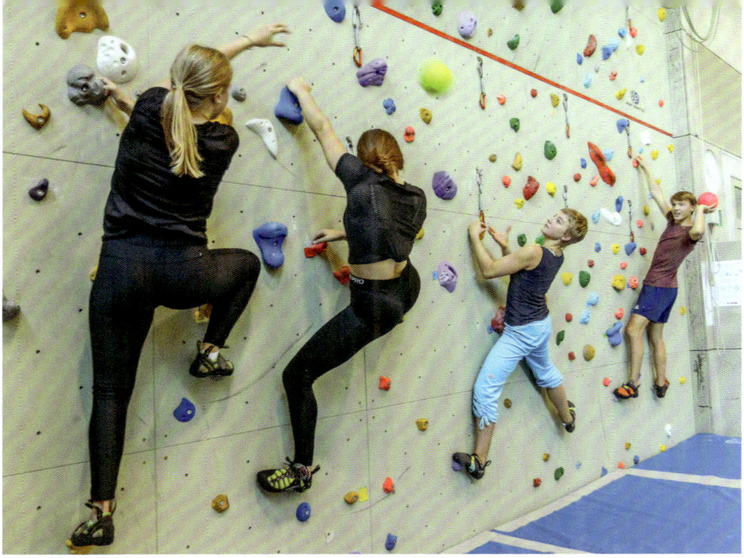

- Der Hauptteil (b) folgt dem Prinzip der Problemlöseorientierung und der Handlungsfähigkeit. Bei den Bewegungs- und Lernaufgaben werden die Schüler*innen und Teilnehmenden durch die Aufgabenstellung nicht nur motorisch, sondern auch kognitiv aktiviert. Hierbei wird eine breite Palette an Aufgaben aufgeführt, unterteilt in: Stabilisieren, Treten, Greifen, sich positionieren und bewegen in der Vertikalen. Zu den einzelnen Lernaufgaben aufgeführte Reflexionsfragen dienen einer gezielten kognitiven Auseinandersetzung mit dem Lerngegenstand.
- Der Ausklang (c) dient als gelungene Abrundung der Lektion.

Sicherheit

Dieses Lehrmittel ist als Sammlung von Bewegungs- und Lernaufgaben zu sehen, um den Kletterunterricht vielfältig und spielerisch zu gestalten, und stellt explizit kein Lehrbuch für die Sicherheitsaspekte beim Klettern dar. Entsprechend wird für den Bereich Bouldern eine Aus-/Weiterbildung empfohlen. Für den Bereich Klettern am Seil sind eine eigene regelmäßige Kletteraktivität, eine kletterspezifische pädagogische Ausbildung sowie regelmäßige Weiterbildungen zwingend notwendig.

Um Unfälle zu vermeiden, ist beim Bouldern darauf zu achten, dass im Absprungbereich genügend Matten ausgelegt werden und die Absprunghöhe eingehalten wird. Der Sturzbereich muss frei von Gegenständen und Personen sein. Bei schwierigen Bewegungen ist eine gegenseitige Hilfestellung dem Lernen dienlich.

Kletterlandschaft in der Sporthalle – eine Alternative zur Kletterwand

Nicht jede Sporthalle bietet die Infrastruktur einer eingebauten Kletterwand. Geklettert werden kann trotzdem! Mit verschiedenen Geräten einer Sporthalle wie Sprossenwand, Barren, Langbänke (Beispiele auf dem Bild) kann eine vielseitige Kletterlandschaft gestaltet werden, an welcher der Großteil der Bewegungs- und Lernaufgaben in diesem Buch durchgeführt werden kann. Griffe können auf verschiedene Weise definiert werden, sei dies anhand Spielbändel, Klebeband oder Yoga-Matten.

Hindernisse werden in einer Folge stützend, hangelnd und balancierend überwunden und die Grundlage, Wagnissituationen gezielt wahrzunehmen, wird geschaffen. Dadurch können wichtige Bewegungskompetenzen erworben werden.

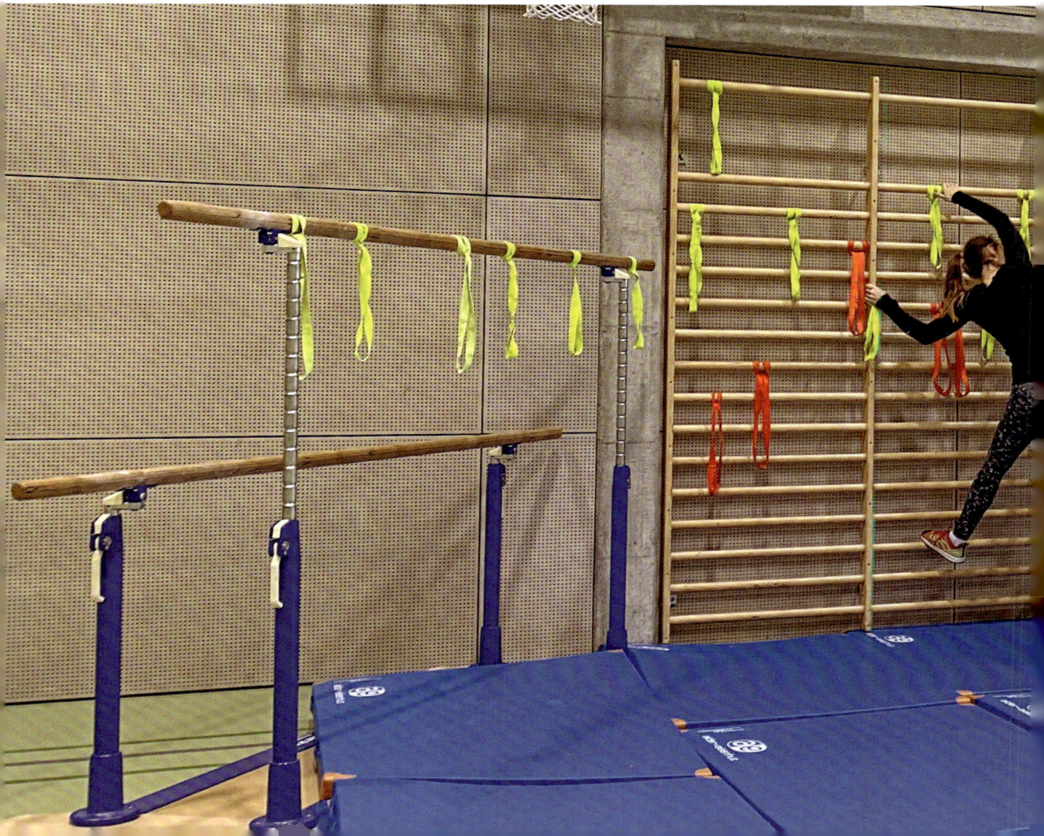

Umsetzungsideen: (s. Bild unten, von links nach rechts)

Barren: Klettern im Überhang

- Holme auf unterschiedliche Höhen einstellen. Mit den Händen am oberen Holmen hangeln und die Füße auf den unteren setzen.

Sprossenwand: Klettern in der Vertikalen

- Griffe mit Spielbändeln oder Klebeband markieren und Bereiche mit Yoga-Matten abdecken. So entstehen verschiedene «Routen».

Kastenoberteil: Balanceakt

- Kastenoberteil nahtlos an die Wand bringen, um so den Kletterbewegungen an einer Kletterwand möglichst nah zu sein.

Langbänke: Klettern auf Reibung und im Überhang

- Klettern auf Reibung auf der Oberseite oder Klettern im Überhang auf der Unterseite

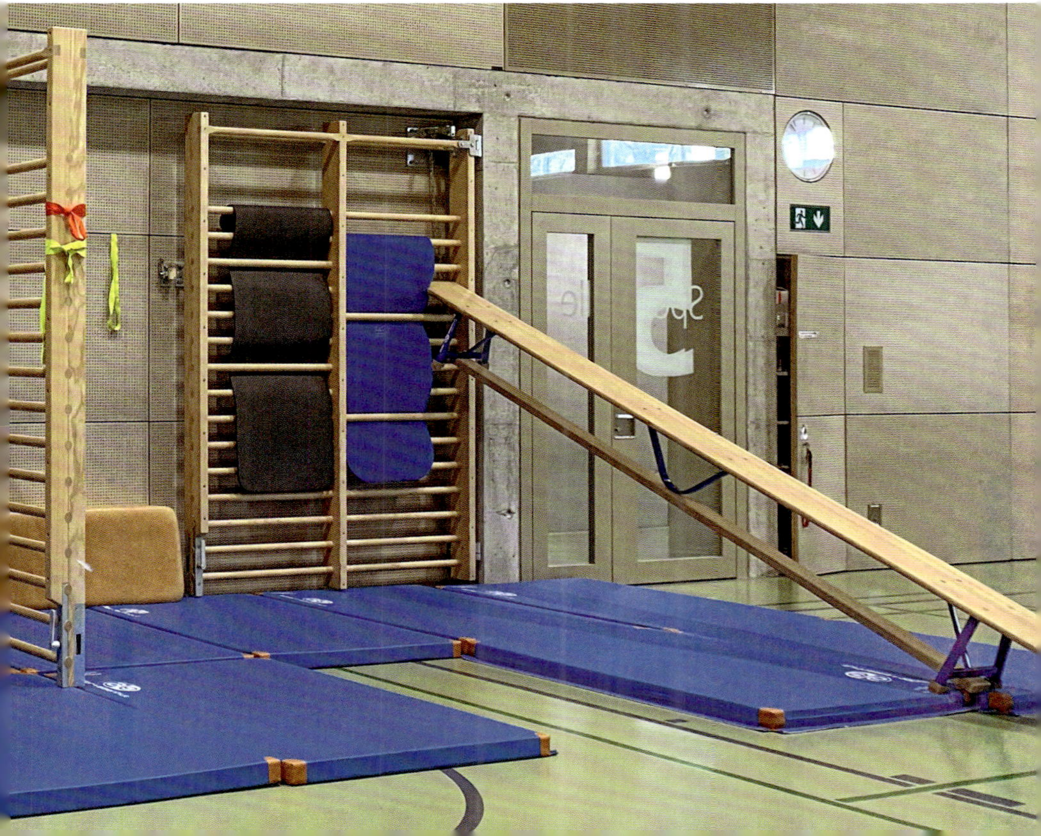

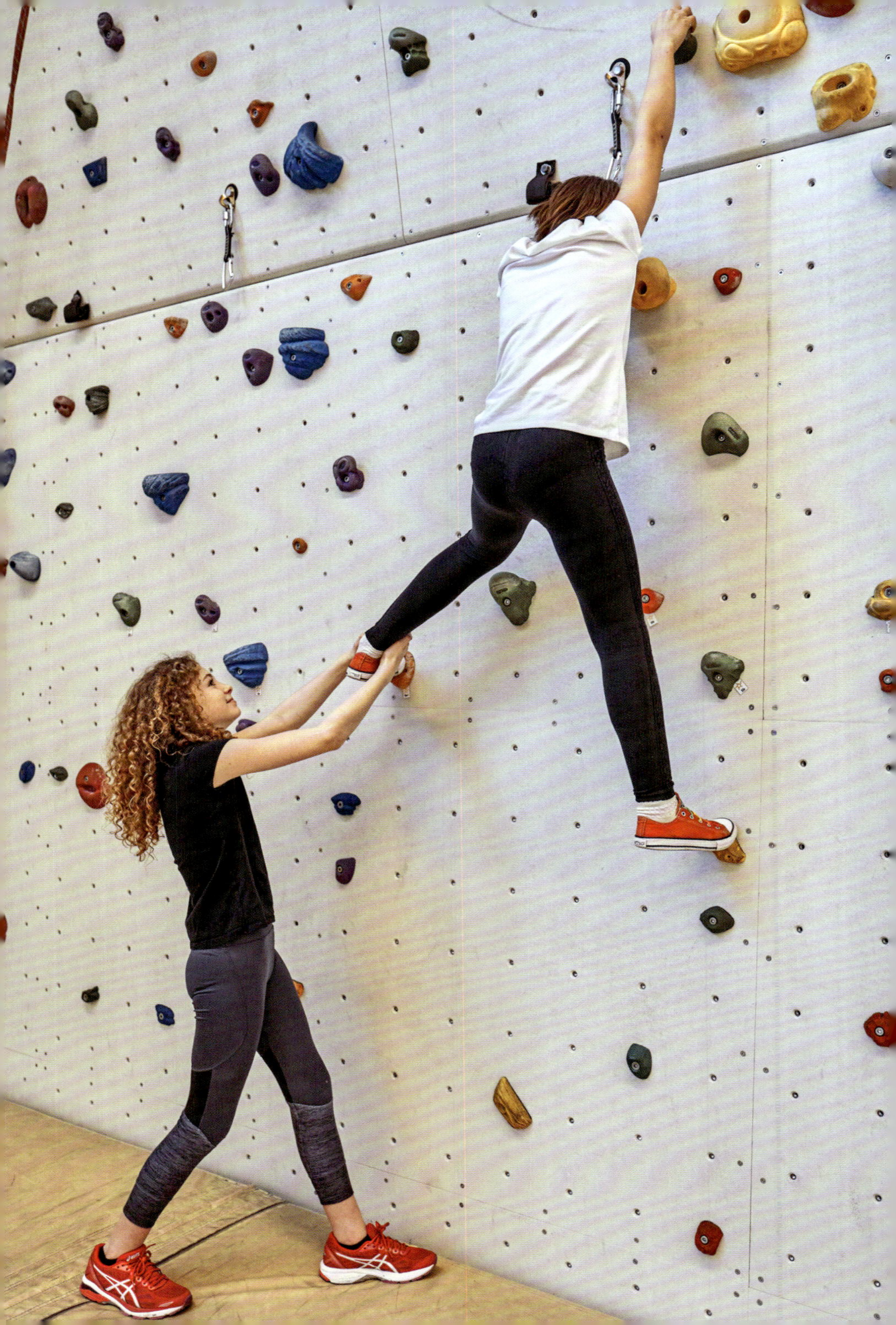

Climbing Warm-ups

Diese kleinen Spielformen bieten ein spezifisches Aufwärmen – für einen sicheren und spielerischen Start in die Vertikale

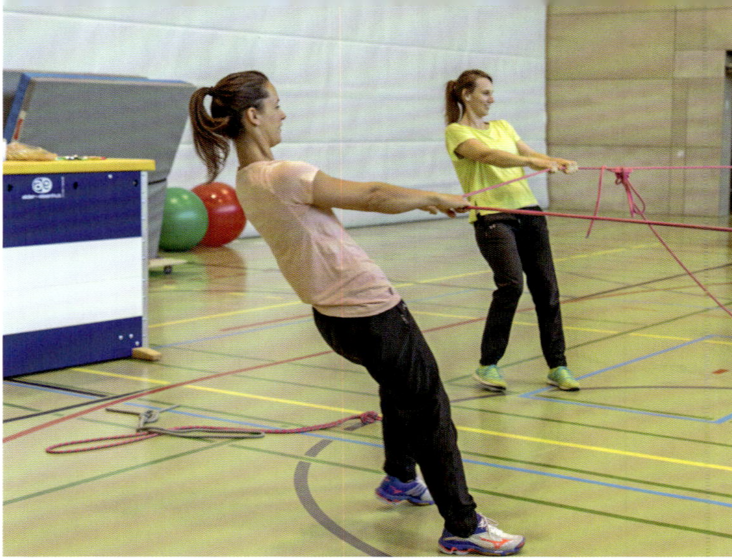

Das Seil wird unter Spannung gehalten

Climbing Warm-ups

Im Kreis
Anzahl: mindestens 5 Personen

Vorbereitung: Seil zu einem Kreis bilden, Enden verknoten.

Die Teilnehmenden stellen sich im Kreis auf, halten mit beiden Händen das Seil und laufen 1–2 Schritte zurück, sodass das Seil gespannt wird. Folgende Aufwärmübungen werden ausgeführt:

- Mit gestreckten Armen nach außen lehnen und 1–2 Schritte in Richtung Mitte laufen, so dass die Position in leichter Rücklage gehalten wird.
- Kniebeugen.
- Seil nach rechts/links geben.
- Nach rechts/links laufen.
- Abwechselnd lehnt sich eine Person nach innen und eine Person nach außen.

Varianten
- Teilnehmende erfinden weitere Aufwärmübungen.

Intensität:
Materialaufwand:
Zeitaufwand:

Es braucht
- Seil

Ein Seil bewegt sich im Kreis herum

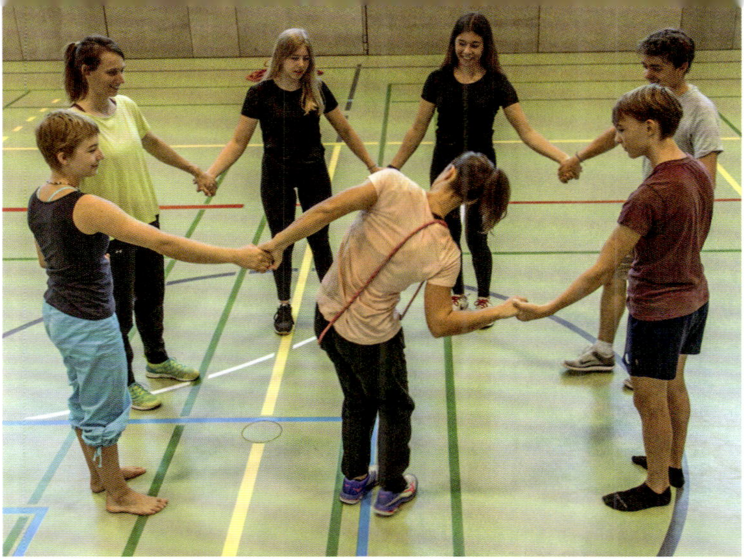

Seil reihum
Anzahl: mindestens 5 Personen

Vorbereitung: Kurze Seile (z. B. Springseile) an den Enden verknoten.

Die Teilnehmenden stellen sich im Kreis auf und halten sich an den Händen. Ein geknotetes Seil wird zwischen zwei Teilnehmenden über die Hände gelegt. Das Ziel besteht nun darin, dass das Seil einmal im Kreis herum geht.

Varianten
- 2 Seile, wobei das eine Seil das andere Seil einholen soll.
- Kleinere Gruppen (4–6 Teilnehmende) bilden. Welche Gruppe schafft am schnellsten 4 Runden?

Intensität:
Materialaufwand:
Zeitaufwand:

Es braucht
- 2–4 kurze Seile/Springseile

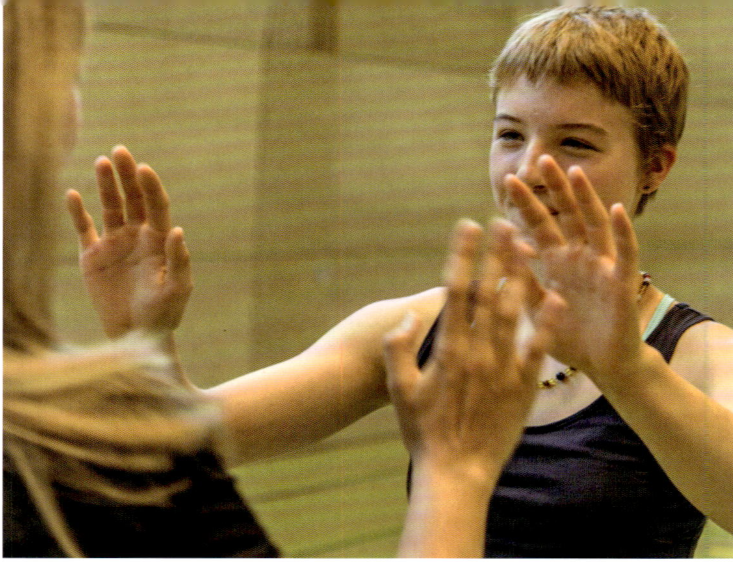

Reaktion ist gefragt

Climbing Warm-ups

Zweikampf
Anzahl: mindestens 4 Personen

Die Teilnehmenden stehen sich zu zweit gegenüber. Anhand verschiedener kleiner Challenges wird ein Fokus auf die Reaktionsfähigkeit gelegt und gleichzeitig aufgewärmt:

- Die Arme sind hinter dem Rücken verschränkt und das Gewicht auf ein Bein verlagert. Die beiden freien Beine berühren sich. Durch Druckauf- oder -abbau wird das Gleichgewicht getestet. Wer stolpert zuerst?
- In Liegestützposition: Das Ziel besteht darin, die Hand der anderen Person zu berühren, ohne selbst erwischt zu werden.
- 2 Teilnehmende stehen in leichter Kniebeuge frontal zueinander, wobei die Hände nach vorne ausgestreckt sind und die Handflächen sich leicht berühren. Wer bleibt trotz gezieltem Druckauf- und -abbau länger im Gleichgewicht?
- Wettkampfform: Die Teilnehmenden werden in 2 Reihen aufgestellt. Nach jeder Serie steigen Personen im Rückstand ab und die mit höherer Punktzahl auf.

Intensität:
Materialaufwand:
Zeitaufwand:

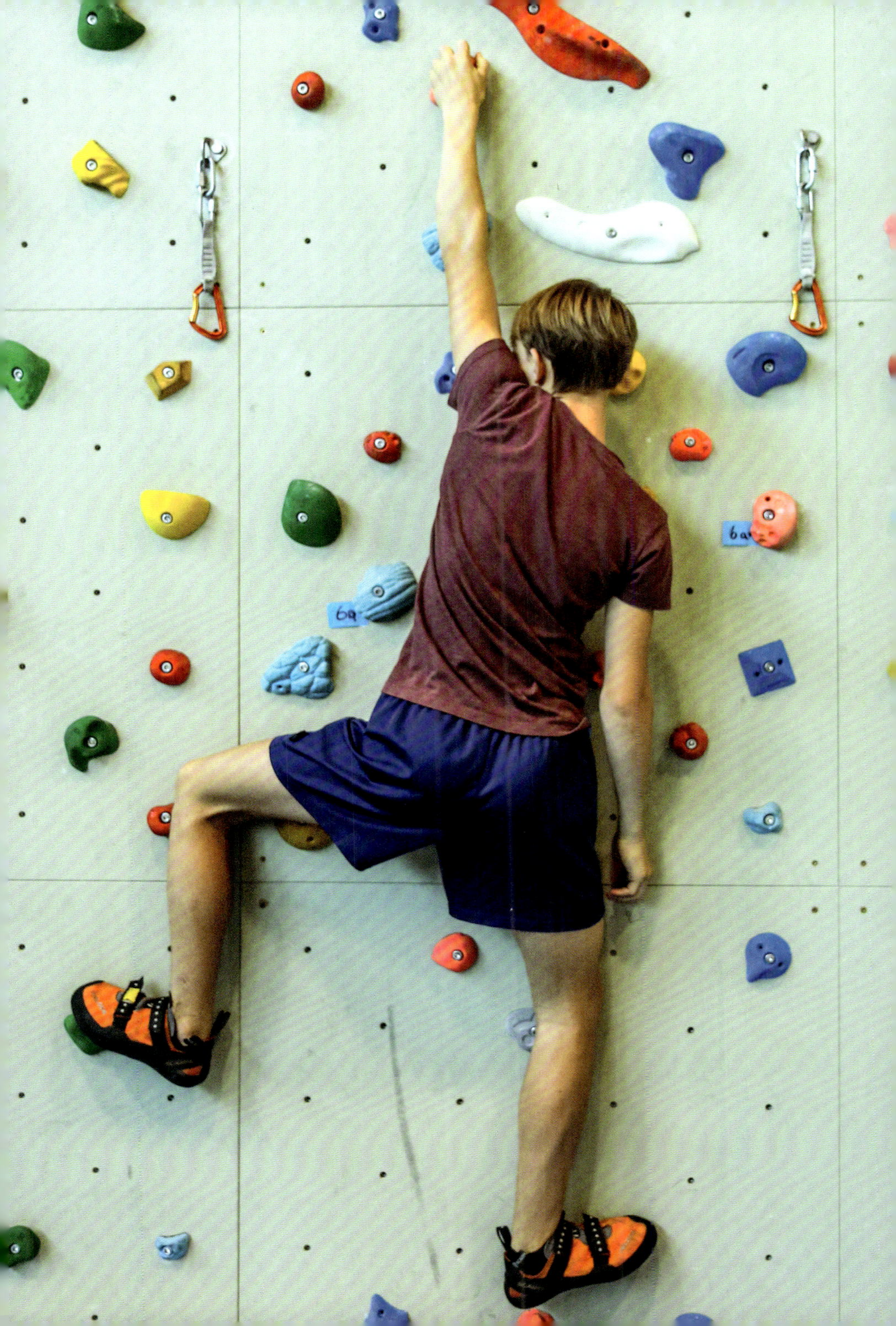

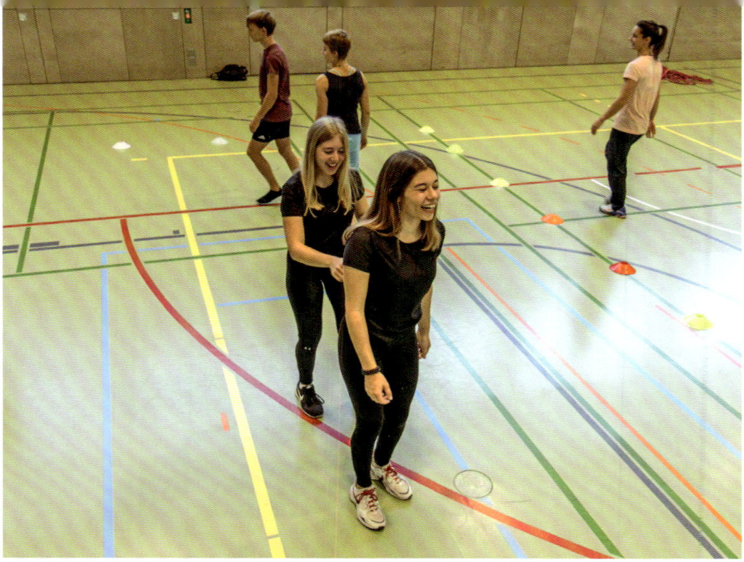

Die Roboter werden von ihren Mechaniker*innen geführt

Climbing Warm-ups

Mechaniker*innen und ihre Roboter
Anzahl: mindestens 4 Personen

Die Teilnehmenden werden in 2er-Teams eingeteilt. Person A stellt eine*n Mechaniker*in dar, die andere einen Roboter.

Vorbereitung: Bereich abstecken (Hütchen, Seil …).

Der Roboter schließt die Augen und läuft langsam los, die Mechaniker*innen steuern ihren Roboter, indem sie auf die Schulter klopfen (Schulter rechts = 90 Grad rechts, Schulter links = 90 Grad links; Kopf = Stop; Rücken = los). Wenn ein Roboter in einen anderen läuft oder das Feld verlässt, so scheidet dieses Team aus.

Varianten

- Anstatt auszuscheiden müssen vom Team Zusatzaufgaben gemacht werden. Danach werden sie wieder ins Spiel integriert.
- 1 Mechaniker*in hat 2 oder 3 Roboter zu beaufsichtigen.
- In einer Großgruppe oder in Kleingruppen auf verschiedenen Feldern.

Intensität: ⚡⚡
Materialaufwand: ⚡
Zeitaufwand: ⚡⚡

Es braucht

- Hütchen oder Floorpads, um Felder zu markieren

Diese Stafette ist unendlich!

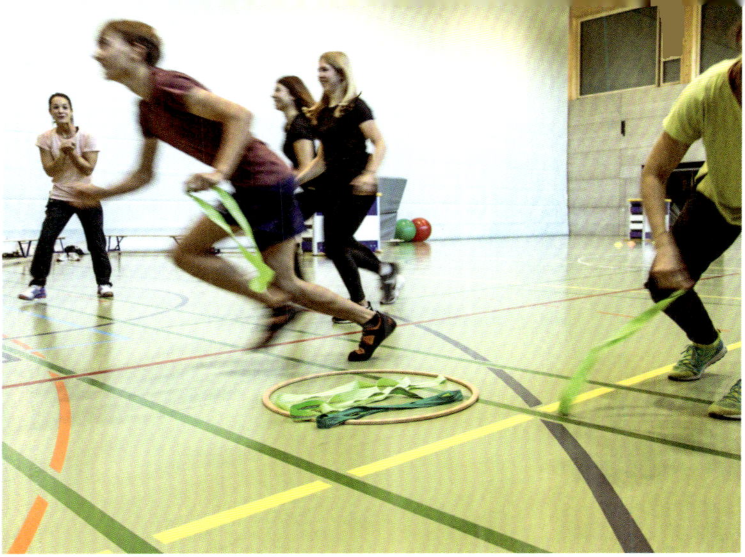

Bändeltausch
Anzahl: mindestens 4 Personen

Es wird eine bestimmte Anzahl Schlingen an der Boulderwand oder an der Sprossenwand aufgehängt. Die gleiche Anzahl an Schlingen wird auf einer Matte oder in einem Reifen deponiert. Nun werden zwei Gruppen gebildet. Gruppe A muss die Schlingen von der Wand sammeln und in den Reifen legen. Gruppe B muss die Schlingen aus dem Reifen an die Wand hängen. Nach einer bestimmten Zeit stoppt die Lehrperson das Spiel. Hängen nun mehr Schlingen an der Wand als im Reifen, so hat Gruppe B gewonnen. Falls nicht, gewinnt Gruppe A.

Varianten
- Es dürfen nur Schlingen von der Wand genommen oder aufgehängt werden, wenn der Körper den Boden nicht mehr berührt.
- Um Schlingen aufzuhängen oder abzunehmen, muss eine stabile Position eingenommen werden.
- Die Distanz zwischen Reifen und Kletterwand erhöhen für größere Laufwege.

Intensität:
Materialaufwand:
Zeitaufwand:

Es braucht
- Spielbändel
- Reifen oder Matten

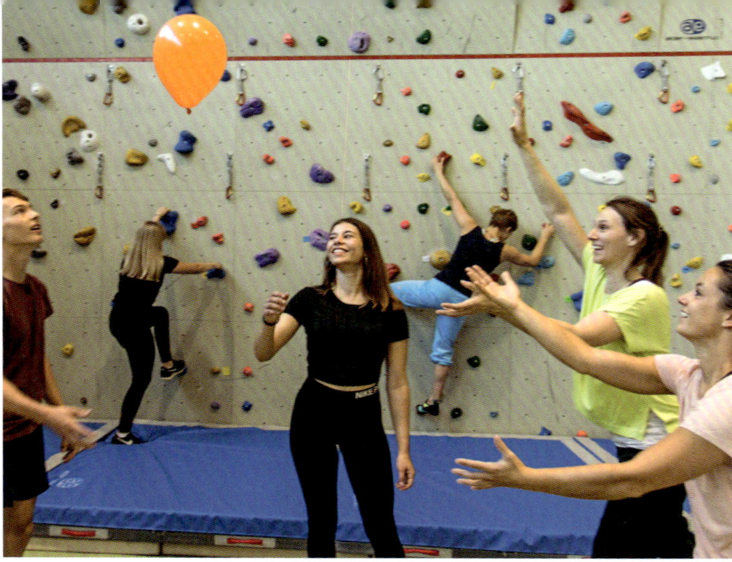

Der Ballon
muss in de
Luft bleibe

Climbing Warm-ups

Up in the air
Anzahl: mindestens 4 Personen

Alle Teilnehmenden stehen im Kreis. Ein Ballon wird in die Luft geworfen. Dieser darf den Boden nicht mehr berühren. Die Person, welche den Ballon berührt hat, löst eine Aufgabe, z. B.

- einen gelben Griff berühren.
- an der Kletterwand/Sprossenwand 3 Züge ausführen.
- einen Griff oberhalb des Kopfes mit dem Fuß berühren.
- 3 Liegestütze ausführen.
- eine Runde laufen.
- sich an einem Griff um die Längsachse drehen.

Varianten

- Mehrere Ballone in der Luft halten.
- In 2 Gruppen in eigenen Zonen spielen.
- Zusatzaufgaben variieren (von wenig intensiv zu intensiv).

Intensität: ≋ ≋ ≋
Materialaufwand: ≋ ≋
Zeitaufwand: ≋ ≋

Es braucht

- Ballone

Bei jeder Nummer wartet eine Aufgabe

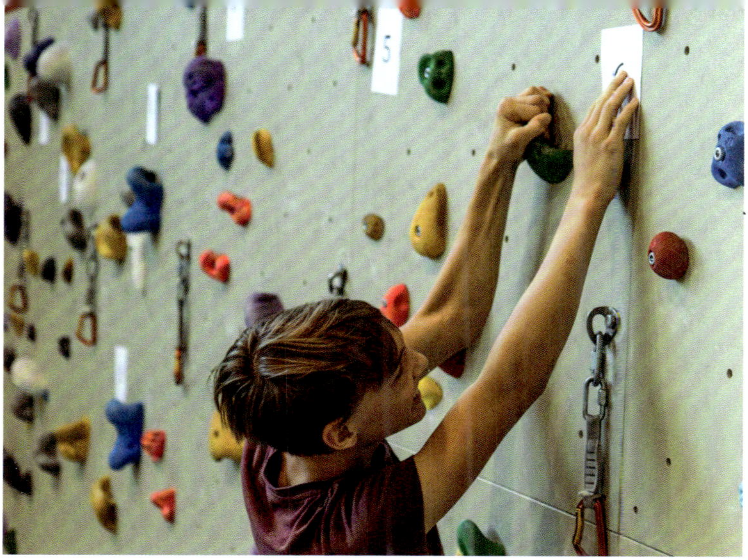

Climbing Warm-ups

Nummernlauf
Anzahl: beliebig

Vorbereitung: Kleine Zettel mit den Ziffern 0 bis 9 werden an der Kletterwand und an den Wänden aufgehängt.

Start ist im Mittelkreis. Die Teilnehmenden laufen und klettern ihre Telefonnummer/Postleitzahl/Geburtsdatum/ … ab. Wer zuerst wieder im Mittelkreis steht, gewinnt.

Varianten
Bewegungsaufgaben werden dazugestellt:

- Auf jeder Zahl befindet sich eine zusätzliche Aufgabe, z. B. Liegestütz gegen die Wand, eine Drehung um die eigene Achse am Klettergriff, etc.
- Es wird so schnell wie möglich geklettert (wie ein Leopard).
- Es wird in Zeitlupe geklettert.
- Es wird so leise wie möglich geklettert (wie eine Katze).

Intensität: ≡ ≡
Materialaufwand: ≡ ≡
Zeitaufwand: ≡ ≡ ≡

Es braucht

- Ziffern 0–9 auf Kärtchen
- Zusatzaufgaben pro Ziffer notieren

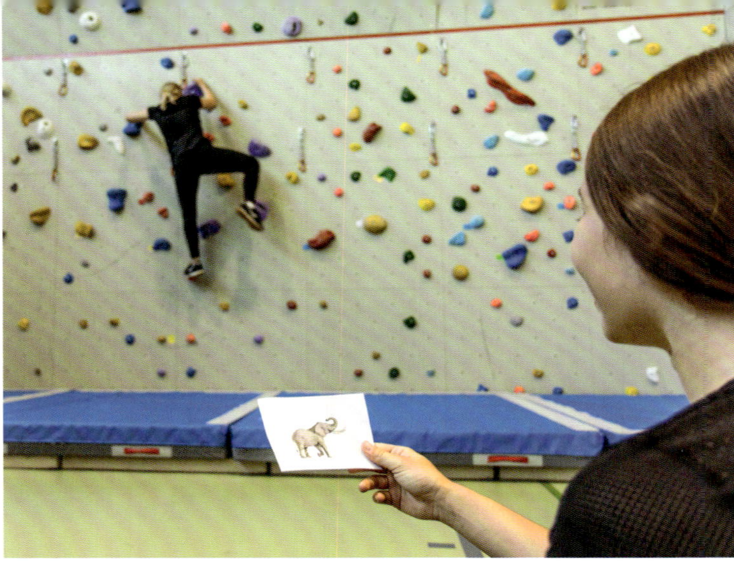

Jemand zeigt vor, die andere raten

Climbing Warm-ups

Pantomime
Anzahl: mindestens 2 Personen

Eine Person erhält ein Tier auf einem Zettel und muss dieses nun pantomimisch an der Kletterwand nachahmen. Die anderen Teilnehmenden versuchen das Tier zu erraten:

- Raupe, Schnecke, Elefant, Katze, Frosch, Storch.

Ist das Tier erraten, kommt die nächste Person an die Reihe. Die Gruppe kann sich kurz austauschen, bevor sie ihre Antwort verkündet. Wird falsch geraten, so muss die Gruppe eine Zusatzaufgabe erledigen.

Varianten
- Um mehr Bewegung ins Spiel zu bringen, werden kleine Gruppen oder 2er-Teams gebildet.
- Anstatt Tiere werden Sportarten, Berufe oder Hobbies nachgeahmt und erraten.

Intensität: 1/3
Materialaufwand: 1/3
Zeitaufwand: 3/3

Es braucht
- Zettel mit Tieren, Berufen …

Gutes Zielen ist die halbe Miete

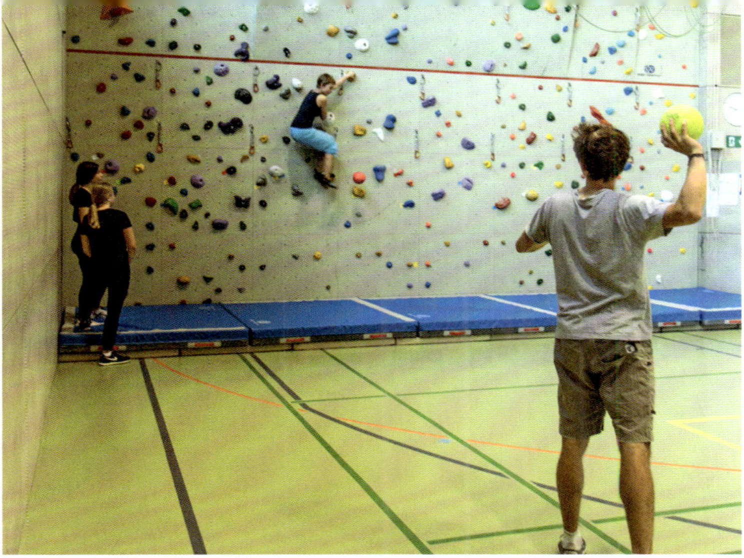

Angry Birds Vertical
Anzahl: mindestens 4 Personen

2 Teams treten gegeneinander an. Team A hat die Aufgabe, so oft wie möglich von links nach rechts zu bouldern, sie agieren als «Schweine», die die gestohlenen Eier der Vögel von einer Seite auf die andere transportieren (pro Mal 1 Punkt). Team B (Vögel, Angry Birds) hat die Aufgabe, die «Schweine» daran zu hindern indem aus einer vorgegebenen Distanz die Teilnehmenden mit Softbällen getroffen werden. Sobald ein «Schwein» getroffen wird, muss dieses wieder von vorne beginnen. Welches Team schafft in 4 Minuten am meisten Punkte?

Intensität: ●●
Materialaufwand: ●
Zeitaufwand: ●●●

Es braucht
- Softbälle, Stoppuhr, ggf. Musik

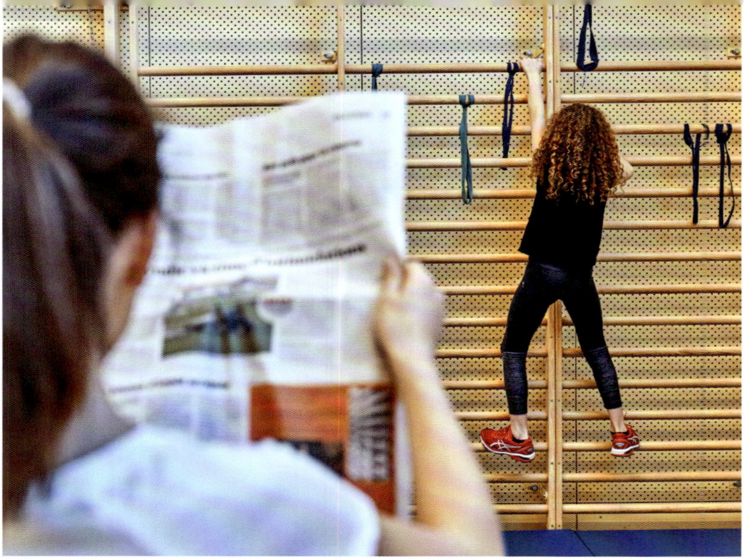

Wer komm unbemerkt am weitesten?

Climbing Warm-ups

Zeitunglesen
Anzahl: mindestens 4 Personen

Vorbereitung: Zielhöhe/Zielgriff markieren.

Eine Person dreht sich vom Rest der Gruppe weg. Diese Person sagt nun mehrmals nacheinander «Zeitung lesen». Während dieser Zeit versuchen die anderen Teilnehmenden möglichst nahe Richtung Ziel zu rennen und zu klettern. Die zeitunglesende Person darf nach beliebigen Malen «Zeitung lesen» mit einem «Stopp» unterbrechen. Ab sofort dürfen sich alle Teilnehmenden nicht mehr bewegen. Falls die zeitunglesende Person noch eine Person der Gruppe entdeckt, welche sich bewegt, kann sie diese wieder auf ihre Startposition schicken. Ende: Das Spiel endet sobald eine Person aus der Gruppe die Zielhöhe oder den Zielgriff erreicht.

Varianten

- In der Beobachtungsphase darf die zeitunglesende Person näher an die anderen Teilnehmenden heran und versuchen, diese durch Sprüche zum Lachen zu bringen. Schafft er bzw. sie dies, so muss diese Person wieder an die Startposition zurück.

Intensität:
Materialaufwand:
Zeitaufwand:

Es braucht

- Nichts!

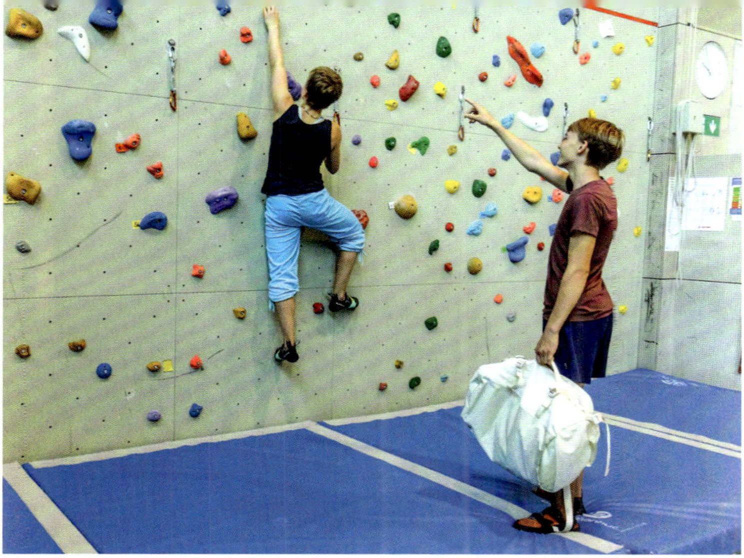

Griffe auswählen und sich merken

Kofferpacken
Anzahl: mindestens 2 Personen

Es werden 2er-Teams gebildet. Person A gibt 2 Griffe vor (Tritte sind frei wählbar). Nun nimmt Person B dieselben Griffe und fügt 2 weitere hinzu. Person A klettert die 4 Griffe ab und fügt wiederum 2 hinzu. Das Spiel fängt wieder von vorne an, wenn eine Person einen Fehler macht oder einen definierten Zug nicht schafft. Ziel ist es, sich so viele Griffe wie möglich zu merken und abklettern zu können.

Varianten

- Füße bleiben am Boden.
- Die Tritte sich ebenfalls merken.
- Die Teamgröße wird variiert (maximal 4 Teilnehmende).
- Nur Züge definieren, die von allen geschafft werden.

Intensität:
Materialaufwand:
Zeitaufwand:

Es braucht Nichts!

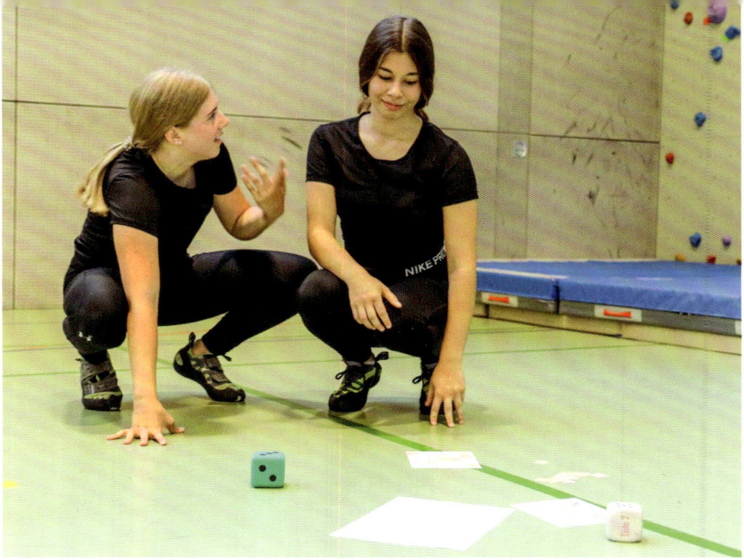

Manchmal braucht's ein bissche Glück

Climbing Warm-ups

Bingo
Anzahl: mindestens 4 Personen

Vorbereitung: Bingo-Blätter und Würfel bereit legen, Aufgaben und Boulder definieren.

Das Ziel besteht darin, zu zweit zusammen ein Bingo-Blatt zu füllen. Jedes Team würfelt für sich die Zahlen. Zu jeder Zahl wird eine Aufgabe ausgeführt (siehe nachfolgende Beispiele). Nach erfolgreichem Absolvieren der Aufgabe wird das Feld abgedeckt/ausgemalt.

Aufgaben-Beispiele:

1. Boulder 1
2. 10 x Hampelmann
3. Boulder 2
4. 10 x Liegestütze
5. Boulder 3
6. Joker: Eine Übung auswählen

Varianten

- Aufgaben je nach Fokus der Lektion auswählen.

Intensität:
Materialaufwand:
Zeitaufwand:

Es braucht

- Aufgabenblatt, Bingo-Blätter und Stifte

Wer behält das Hütchen auf dem Kopf?

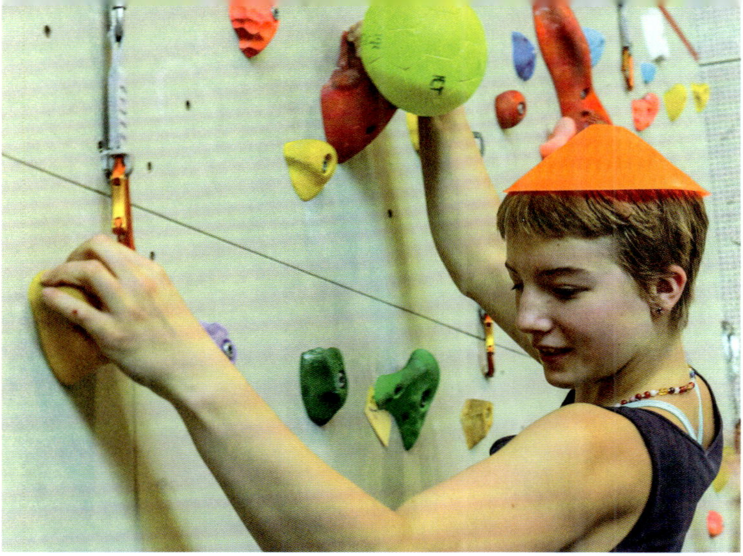

Climbing Warm-ups

Traversieren
Anzahl: beliebig

Die Teilnehmenden bouldern von einer Seite zur anderen.
Die Lehrperson erteilt spielerische Aufgaben:

- Ball in Hand transportieren.
- Hütchen auf dem Kopf balancieren.
- Blind (mit Augenbinde).
- Gegenstand auf Fußspitze.
- Hände immer überkreuzen.
- Mit den Händen möglichst oft Griffform variieren.
- Reifen an Wand platzieren, hindurch klettern.

Varianten
- Die Teilnehmenden wählen ihre Aufgaben je nach Können selbst aus.
- Die Teilnehmenden erfinden die Aufgaben selbst.
- In beide Richtungen traversieren.

Intensität: ≋ ≋
Materialaufwand: ≋ ≋ ≋
Zeitaufwand: ≋

Es braucht
- Bälle, Hütchen, Augenbinden, Gegenstände …

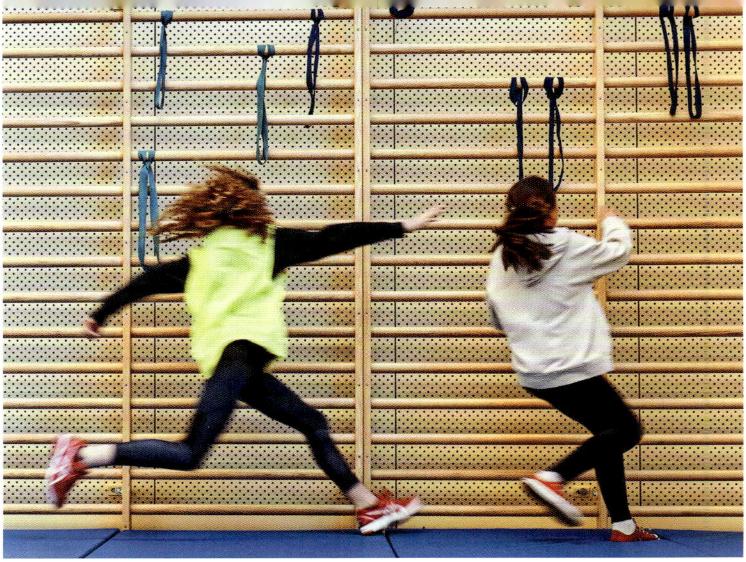

Effizient Einstiege finden und den Überblick behalten

Climbing Warm-ups

Hochfangis
Anzahl: mindestens 4 Personen

Eine Person versucht die anderen Teilnehmenden zu fangen. Die Teilnehmenden sind sicher, solange sie sich an der Kletterwand bewegen und dabei den Boden nicht berühren. Vorgabe: Nach maximal 4 Zügen wird abgeklettert. Es muss ein neuer freier Platz zum Klettern gefunden werden. Sobald alle Teilnehmenden gefangen wurden, ist das Spiel zu Ende (oder auf Zeit).

Varianten

- Wird jemand gefangen, wird dieser zum neuen Fangenden.
- Mehrere Fangende (je nach Klassen- und Kletterwandgröße).
- Wer gefangen wird, wechselt zum fangenden Team. Wer zuletzt übrig bleibt, gewinnt.
- Wurde jemand gefangen, so wird eine Zusatzaufgabe absolviert, bevor wieder mitgespielt werden kann.

Intensität:
Materialaufwand:
Zeitaufwand:

Es braucht

- Nichts!

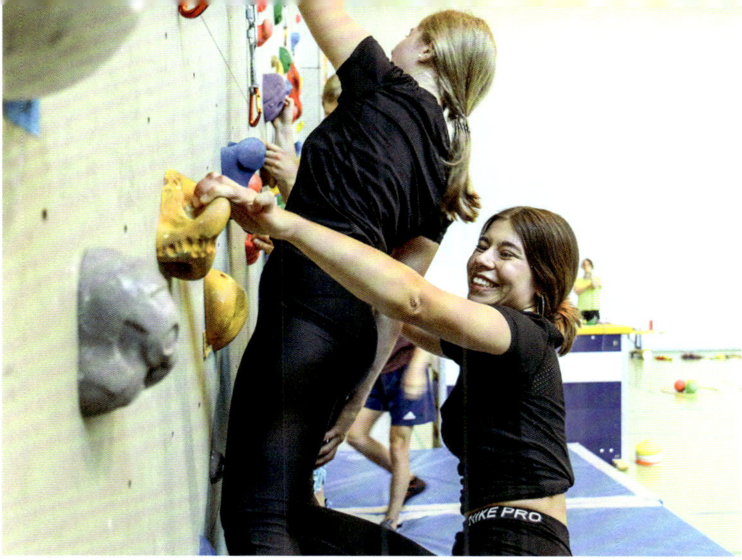

Gruppen-Challenge: Einander überklettern
Anzahl: mindestens 3 Personen

3 bis 5 Personen sind zusammen in einer Gruppe. Person 1 beginnt, klettert 4 bis 5 Züge und verharrt in dieser Position. Person 2 klettert bis zur Person 1, überklettert diese, macht 4 bis 5 weitere Züge, verharrt in dieser Position. Dito Person 3, … Sobald die letzte Person durch ist, klettert Person 1 über alle anderen bis zum Ende dito Person 2, Person 3, … .

Varianten

- Erschwerung: Material mitführen.
- Erleichterung: Füße am Boden.
- Die Handgelenke der erstarrten Person festhalten, um diese zu überklettern (anstatt die Klettergriffe zu benutzen).

Intensität:
Materialaufwand:
Zeitaufwand:

Es braucht

- Nichts!

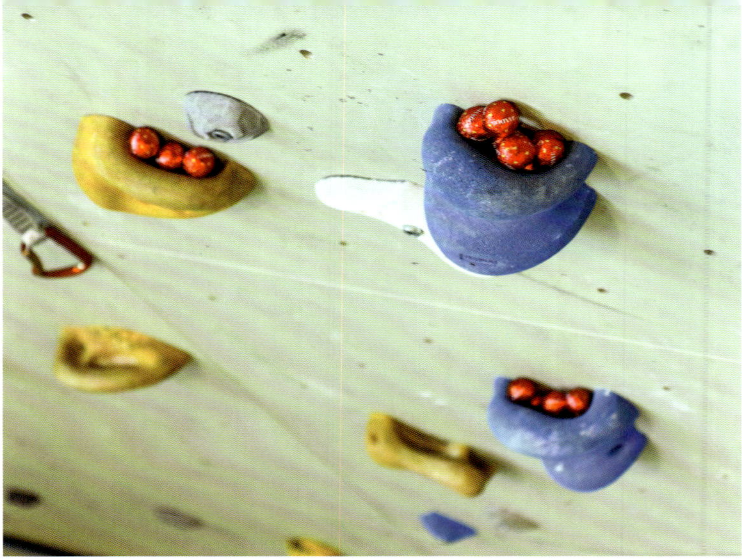

Schokolad suchen hat immer Saison!

Climbing Warm-ups

Ostereiersuche
Anzahl: mindestens 4 Personen

Die Gruppe wird in zwei Teams aufgeteilt. Team A versteckt 10 Ostereier (Gegenstände) während Team B eine Zusatzaufgabe erledigt. Nach drei Minuten kommt Team B zur Kletterwand und sucht die 10 Ostereier. Die Zeit wird dabei gestoppt. Dito Team B versteckt, Team A sucht. Welches Team ist schneller?

Varianten
- Anzahl Ostereier (Gegenstände) je nach Gruppengröße variieren.

Intensität:
Materialaufwand:
Zeitaufwand:

Es braucht
- Schokoladeneier oder Gegenstände

Richtungswechsel ermöglichen neue Bewegungen

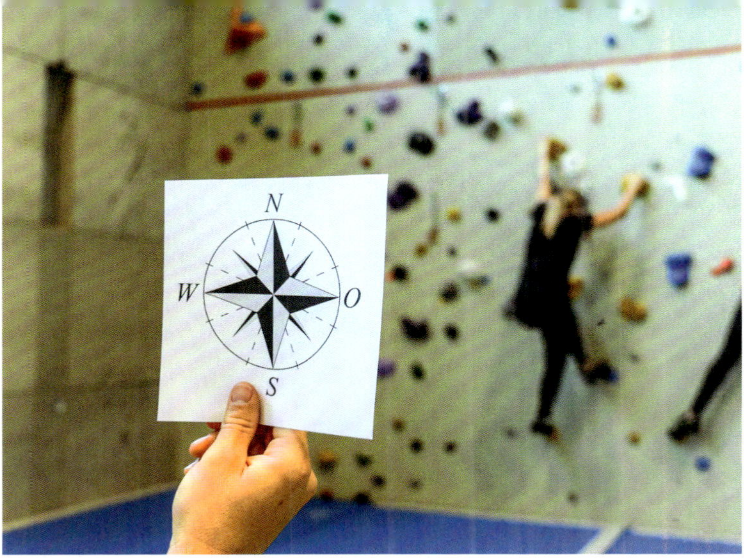

Sturm
Anzahl: beliebig

Alle Teilnehmenden befinden sich an der Boulderwand. Es zieht ein Sturm auf, der durch einen Teilnehmenden oder die Lehrperson anhand der Windrichtungen dirigiert wird:

- Nordwind (nach unten klettern).
- Südwind (nach oben klettern).
- Westwind (nach rechts klettern).
- Ostwind (nach links klettern).

Varianten
- Erleichterung: rechts, links, oben, unten (anstatt Windrichtungen).
- Erschwerung: Südwestwind, Nordostwind, etc. hinzufügen.
- Wenn rechts gesagt wird, muss nach links geklettert werden.

Intensität:
Materialaufwand:
Zeitaufwand:

Es braucht
- Nichts!

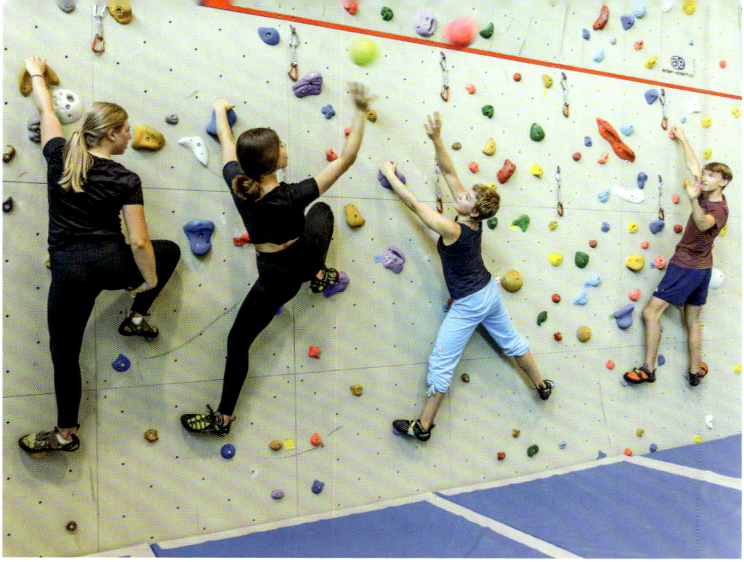

Multitaskir
in der
Vertikalen
fördert da
Gleichge-
wicht

Climbing Warm-ups

Climb & Catch
Anzahl: mindestens 4 Personen

Alle Teilnehmenden klettern durcheinander und werfen sich gegenseitig einen Ball zu. Wird der Ball nicht gefangen, so muss der oder die Werfende eine Zusatzaufgabe lösen, z. B. eine Runde in der Halle rennen.

Varianten

- Es wird mit mehreren Bällen gespielt.
- Eine Hälfte der Teilnehmenden klettert, die andere Hälfte bewegt sich am Boden. Wird ein Platz an der Kletterwand frei (durch einen fallengelassenen Ball), so darf eine Person vom Boden an die Kletterwand wechseln.

Intensität: ≡ ≡ ≡
Materialaufwand: ≡ ≡
Zeitaufwand: ≡ ≡ ≡

Es braucht

- Softbälle

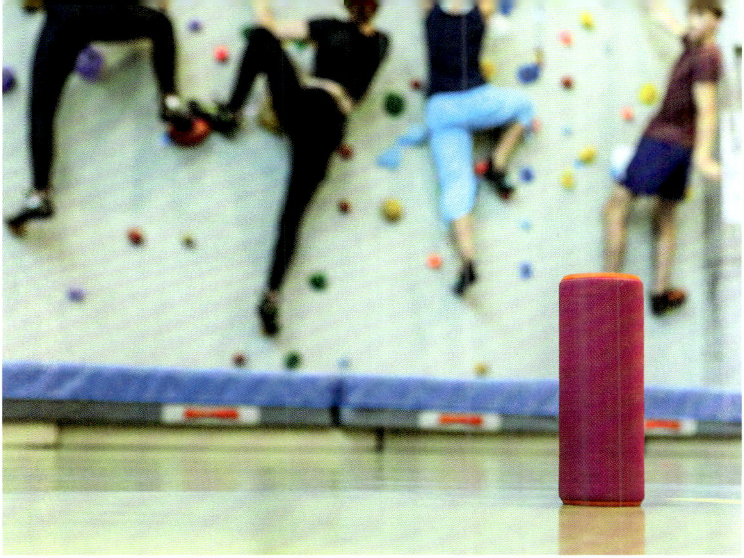

Im Rhythmus der Musik
Anzahl: beliebig

Die Teilnehmenden klettern im Rhythmus einer Musik. Die Lehrperson ändert von Zeit zu Zeit die Musik und damit auch den Rhythmus (langsam, schnell).

Varianten
- Pro Taktschlag eine Bewegung (Hand oder Fuß).
- Anstatt Musik den Takt durch ein Metronom vorgeben.
- Eine Person übernimmt die Vorgabe des Takts durch Klatschen.

Intensität:
Materialaufwand:
Zeitaufwand:

Es braucht
- Musik und Player

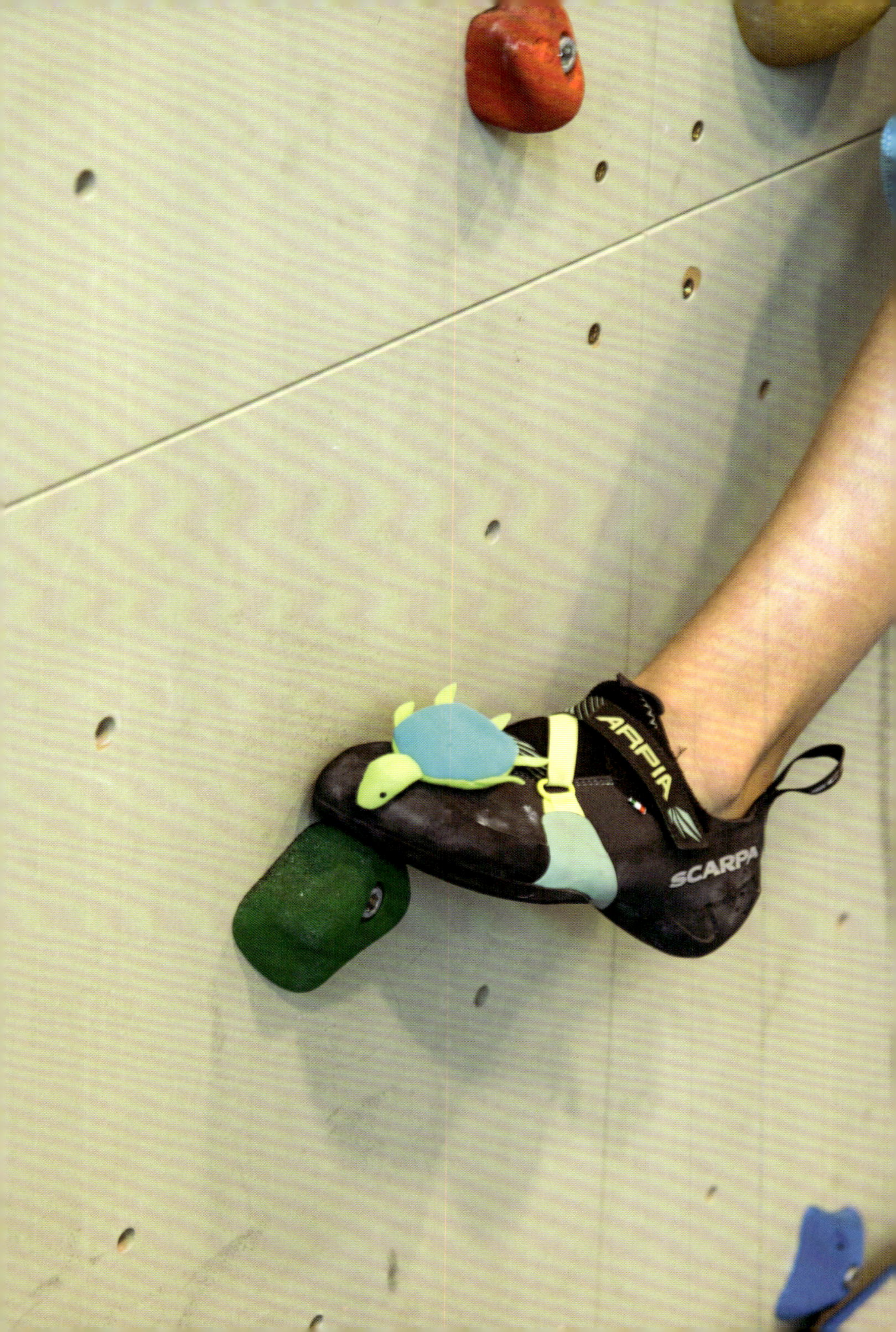
ARPIA
SCARPA

Bouldern

Stabilisieren, Treten, Greifen, sich positionieren und bewegen auf geringer Höhe ohne Seil – Bouldern bietet vielfältige und attraktive Möglichkeiten, Kletter-Skills zu erwerben.

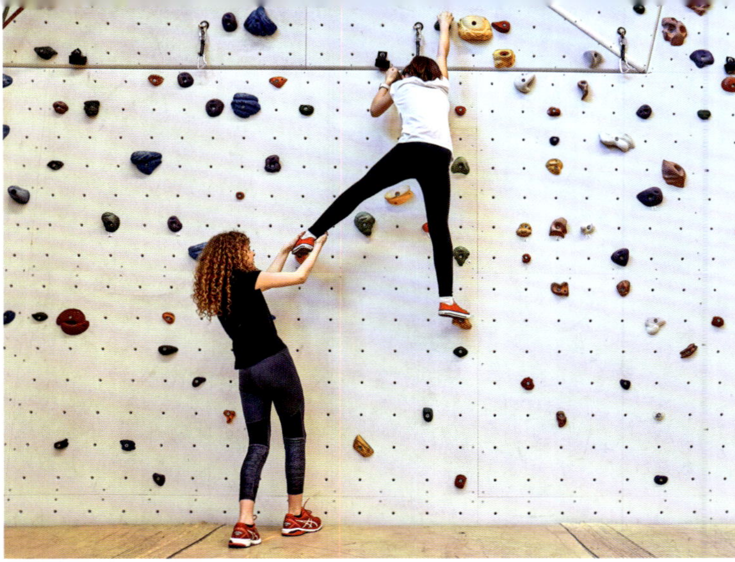

Vorsichtig die stabile Position testen

Bouldern – Stabilisieren

Stabil sein
Anzahl: mindestens 4 Personen

Die Teilnehmenden sollen selbst herausfinden, wie sie sich möglichst stabil und kraftsparend an einem guten Griff positionieren können. Sie sollen verschiedenste Positionen an verschiedenen Orten ausprobieren, z. B.:

- Frontal, Füße nah nebeneinander und weiter auseinander.
- Frontal, Füße ganz tief bis ganz hoch.
- Eindrehen, Fußinnenrist und -außenrist benutzen.
- Angewinkelter Arm, gestreckter Arm.

Varianten
- Eine Person spielt den «Diabolo» und versucht, die Person an der Kletterwand aus dem Gleichgewicht zu bringen. Dafür darf sie an den Hand- und Fußgelenken Druck ausüben, bzw. an der Hüfte.

Reflexionsfragen
- Welche Positionen waren am stabilsten? Warum?

Intensität:
Materialaufwand:
Zeitaufwand:

Es braucht
- Nichts!

Einfache und schwierige Vorlagen ...nd möglich

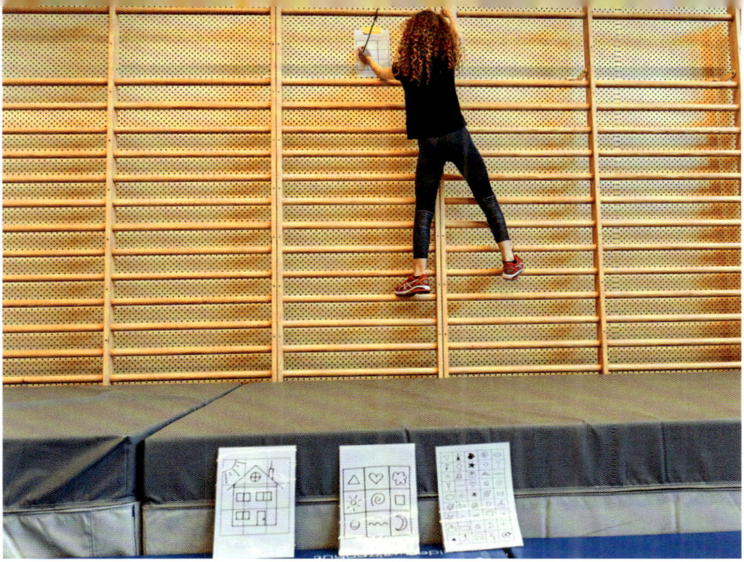

Bouldern – Stabilisieren

Picasso
Anzahl: mindestens 4 Personen

Im oberen Bereich der Wand wird ein Bild sowie ein leeres Blatt Papier aufgehängt. Ein Stift hängt an einer Schnur um einen Griff.

Nun werden kleine Gruppen gebildet. Ziel ist es, das Bild auf einem leeren Blatt nachzumalen, dabei darf pro Person und Mal nur der Inhalt eines Rasterquadrants gezeichnet werden.

Varianten
- Als Stafette treten die Gruppen gegeneinander an.
- Das zu malende Bild liegt verdeckt am Boden. Die Teilnehmenden merken sich den jeweils zu malenden Rasterquadrant.
- Pro Rasterquadrant gibt es eine Form (leichtere Variante).
- Zusatzaufgabe: Während des Malens wird eine stabile Position eingenommen (langer Arm, Körperschwerpunkt darunter ausgerichtet)

Reflexionsfrage: Welche Position hast du eingenommen, damit du in der Vertikalen zeichnen kannst?

Intensität: ≋ ≋ ≋
Materialaufwand: ≋ ≋
Zeitaufwand: ≋

Es braucht
- Papier und Stifte

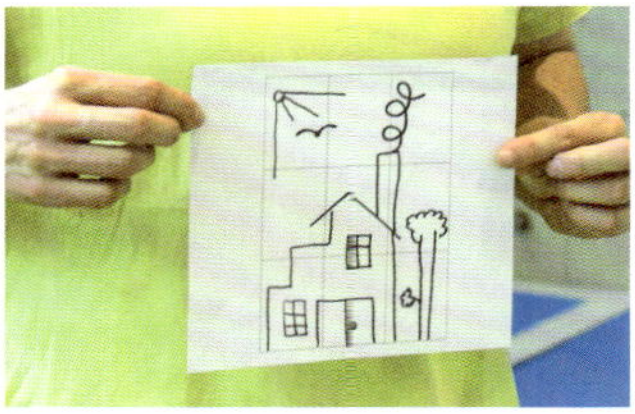

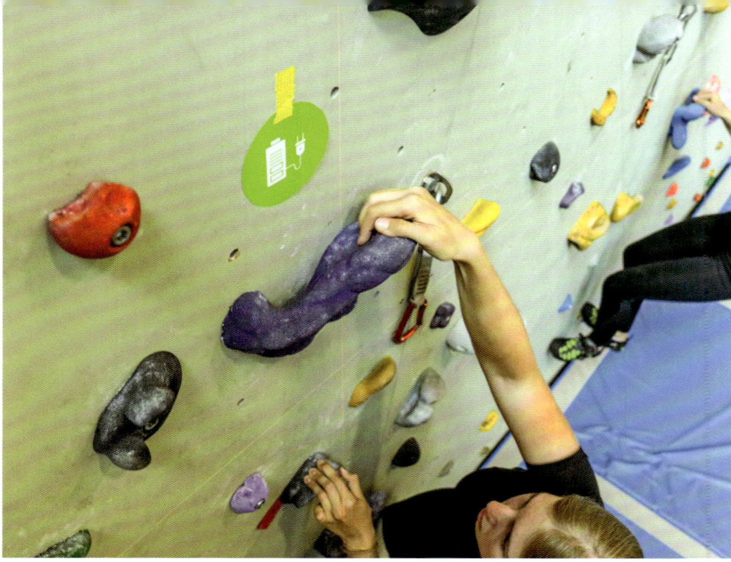

Ruhepositionen um Kräfte zu tanken

Bouldern – Stabilisieren

E-Climbing
Anzahl: mindestens 4 Personen

Es werden Ladestationen markiert. Ziel ist es, zwischen den Ladestationen zügig zu klettern, an der Ladestation eine Ruheposition einzunehmen und sich «aufzuladen».

Varianten

- Die Füße bleiben am Boden an der Ladestation (einfachere Variante).
- Es wird jeweils einmal der rechte und der linke Arm ausgeschüttelt.
- Es wird eine spezifische Ladezeit vorgegeben (z. B. 10 Sekunden).

Reflexionsfragen

- Nehmen wir einmal an, die Übung stünde als Metapher für deinen Alltag. Wo sind deine Ladestationen im Alltag? Und falls diese nicht zur Verfügung stehen, wo noch?
- Wie sieht deine Lieblingsruheposition aus? Weshalb kannst du in dieser Position optimal «aufladen»?

Intensität: ≋ ≋
Materialaufwand: ≋ ≋
Zeitaufwand: ≋ ≋ ≋

Es braucht

- Tape

Reaktions-
ähigkeit ist
gefragt

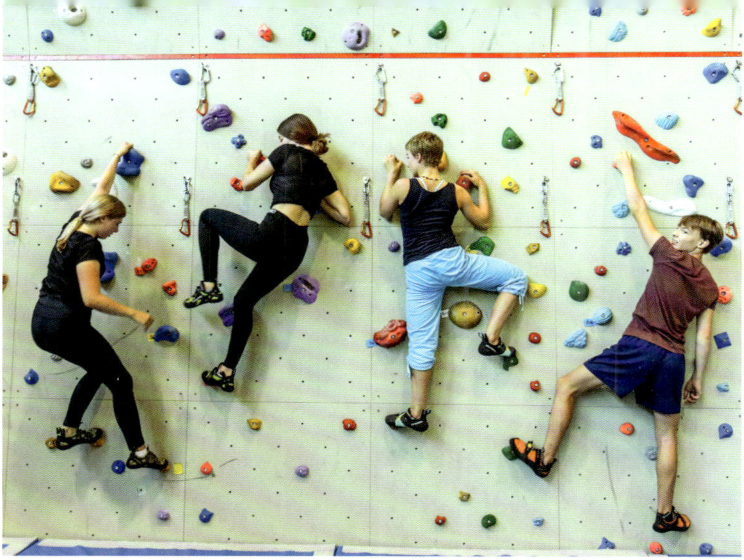

Bouldern – Stabilisieren

Kommandospiel
Anzahl: mindestens 4 Personen

Die Teilnehmenden klettern an der Boulderwand. Auf Kommando nehmen sie verschiedene Positionen ein.

- Einen Arm loslassen.
- Ein Bein loslassen.
- Linken Arm und linkes Bein loslassen.
- Linken Arm und rechtes Bein loslassen.

Varianten

- Wer zuletzt die Position findet, tauscht mit dem, der Kommandos erteilt.

Reflexionsfragen

- Was war leichter, was schwerer? Warum?
- Wie kannst du diese Erfahrung auf dein Klettern übertragen?

Intensität:
Materialaufwand:
Zeitaufwand:

Es braucht

- Nichts!

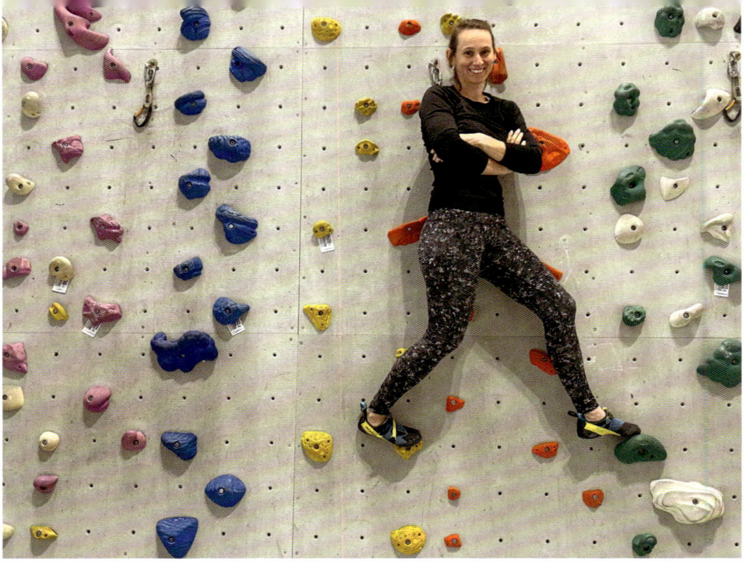

Wer findet die coolste Position?

Bouldern – Treten

Ohne Hände
Anzahl: mindestens 4 Personen

Es werden verschiedenste Sportgeräte aufgestellt (siehe Kletterlandschaft am Anfang des Buches). Individuell oder in maximal 4er-Teams wird die Sporthalle inklusive Boulderwand erkundet. Wie viele Positionen werden gefunden, in welchen beide Hände losgelassen werden können?

Z. B. in einer Verschneidung stehen, auf einer Platte das Gleichgewicht finden, an einer Kante einen Foothook, Bathang (kopfüber hängen), verklemmen zwischen Sprossenwand, Knieklemmer.

Varianten

- Bildung von Teams. Jedes sucht möglichst viele solcher Positionen. Danach werden die Lösungen zwischen den Teams ausgetauscht.

Reflexionsfragen

- Was braucht es, um die Hände loslassen zu können?

Intensität:
Materialaufwand:
Zeitaufwand:

Es braucht

- Nichts!

Material transportieren und gemeinsam etwas bauen

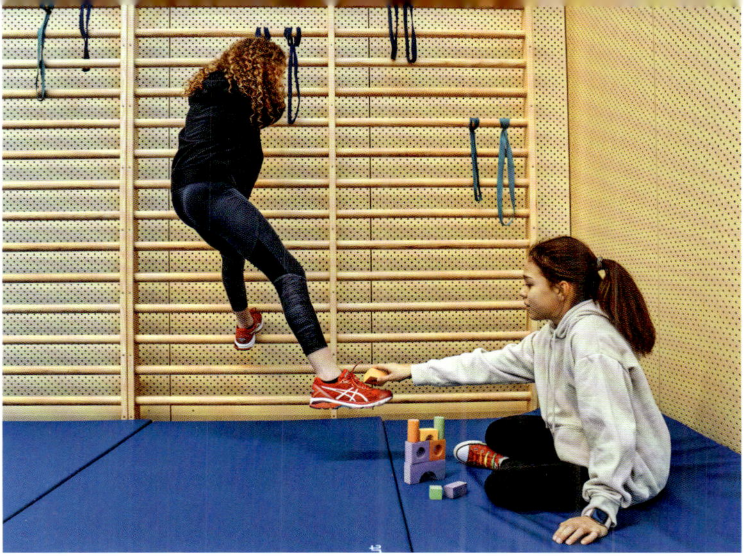

Bouldern – Treten

Turmbau zu Babel
Anzahl: mindestens 4 Personen

Es wird von A nach B geklettert. Dabei werden Gegenstände transportiert. Mit diesen Gegenständen wird ein möglichst hoher Turm gebaut.

Varianten
- Auf beiden Füßen jeweils einen Gegenstand transportieren (s. Bild).
- Gegenstände mit unterschiedlichen Eigenschaften transportieren (leichter/schwerer).
- Einarmig klettern und den Gegenstand in der anderen Hand halten.
- Es werden 2 gleiche Distanzen definiert und die Aufgabe als Stafette gespielt. Welches Team baut den höchsten Turm in einer vorgegebenen Zeit? Heruntergefallene Gegenstände sind verloren.

Reflexionsfragen
- Wie muss ich die Füße setzen, damit nichts herunterfällt?
- Wie hilft mir dieses Wissen für mein eigenes Klettern?

Intensität: 3/3
Materialaufwand: 2/3
Zeitaufwand: 3/3

Es braucht
- Schlingen, Säckchen, Steine, Legos

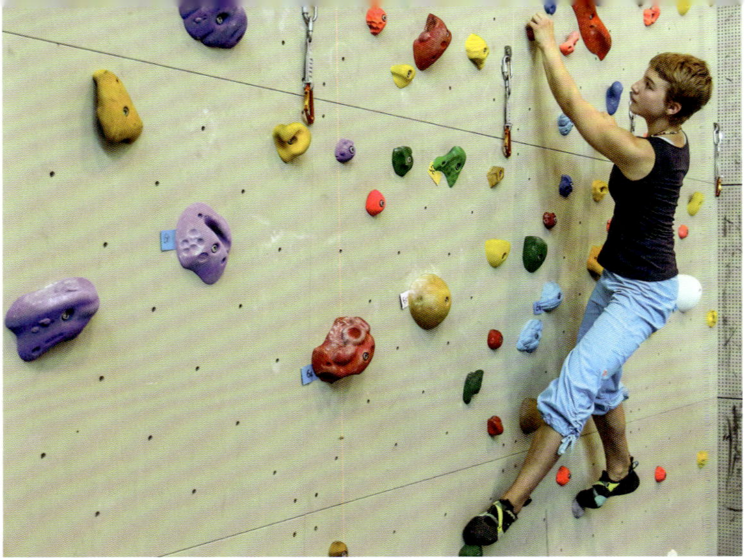

4 Mal die Füße umstellen

Bouldern – Treten

4 pro Zug
Anzahl: mindestens 4 Personen

Es werden vorgegebene leichte Boulder geklettert. Pro Zug werden die Füße vier Mal neu platziert (also jeder Fuß zwei Mal).

Varianten
- Zu zweit, eine Person sagt die Tritte an.
- Alle 4 Tritte vorausplanen und dann ausführen.

Reflexionsfragen
- Wie hilft dir diese Übung für deine Kletterbewegung?
- Warum ist das Umstellen der Füße wichtig für die Kletterbewegung?

Intensität: ≋ ≋
Materialaufwand: ≋
Zeitaufwand: ≋ ≋

Es braucht
- Nichts!

Mit einem zu großen Schuh klettern oder ganz ohne – eine neue Erfahrung!

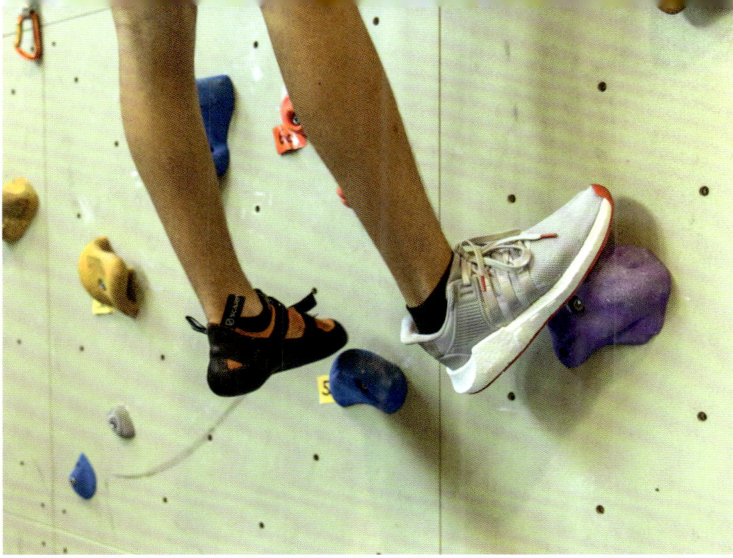

Bouldern – Treten

Schuhtausch
Anzahl: mindestens 4 Personen

Es wird mit verschiedenen Paar Schuhen oder in Socken an der Boulderwand geklettert (Kletterschuh, in Socken, zu große oder zu kleine Turnschuhe). Ziel ist es, unterschiedliche Erfahrungen im Setzen der Füße zu machen.

Varianten

- Beide Füße tragen unterschiedliche Schuhe (z. B. ein Fuß mit und ein Fuß ohne Schuh).
- Teilnehmende tauschen unter sich Schuhe aus (größer und kleiner).

Reflexionsfragen

- Wann hast du dich am wohlsten gefühlt? Wann konntest du am besten klettern? Weshalb?

Intensität:
Materialaufwand:
Zeitaufwand:

Es braucht

- Verschiedene Schuhe

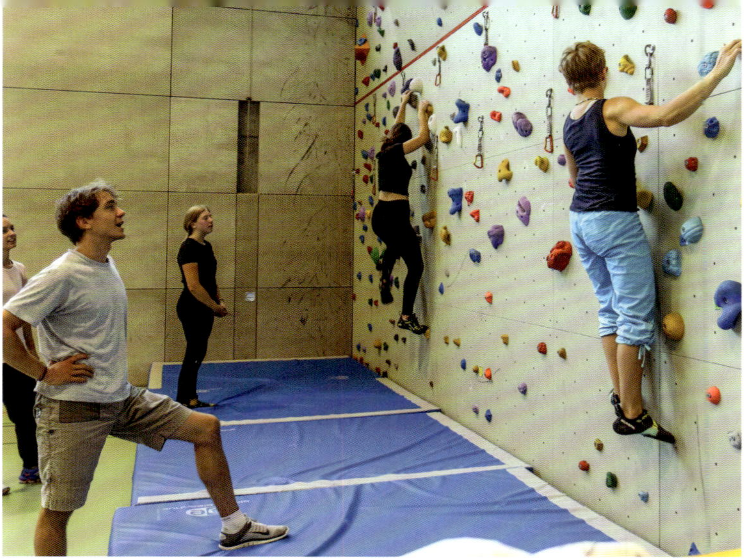

Die Katze hat Hunge bloß kein Geräusch machen!

Bouldern – Treten

Katze und Maus
Anzahl: mindestens 4 Personen

Es werden 2er-Teams gebildet. Eine Person spielt die Katze und die andere die Maus. Die Maus klettert ohne ein Geräusch zu machen an der Boulderwand. Sobald die Maus ein Geräusch macht, werden die Rollen getauscht.

Varianten
- Die Maus hat mehrere Leben.
- Pro Katze gibt es 2–3 Mäuse.
- Es gibt nur eine Katze, der Rest spielt die Mäuse. Sobald eine Maus ein Geräusch macht, wird sie zur Katze und die bisherige Katze wird zur Maus.

Reflexionsfragen
- Was hat dir geholfen lautlos zu klettern?

Intensität: ⚡⚡
Materialaufwand: ⚡
Zeitaufwand: ⚡⚡

Es braucht
- Nichts! ☺

Wer hat denn hier den Klebstoff auf die Tritte getan?

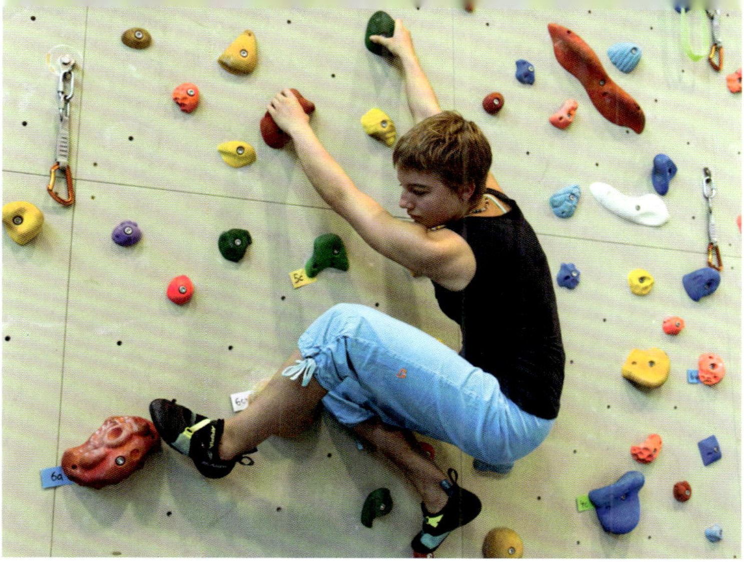

Bouldern – Treten

Klebefuß
Anzahl: beliebig

Es wird an vorgegebenen Bouldern oder in einer Traverse geklettert. Die Füße dürfen nur zum Treten zwischen den Zügen umgestellt werden. Sind sie jedoch gestellt, dürfen sie nicht mehr bewegt werden.

Varianten
- Selbstständig.
- In 2er-Teams, einer kontrolliert.
- Ferse darf sich bewegen.

Reflexionsfragen
- Wie fühlt sich die Bewegung an?
- Was ändert sich durch das Bewegen der Ferse?

Intensität:
Materialaufwand:
Zeitaufwand:

Es braucht
- Nichts!

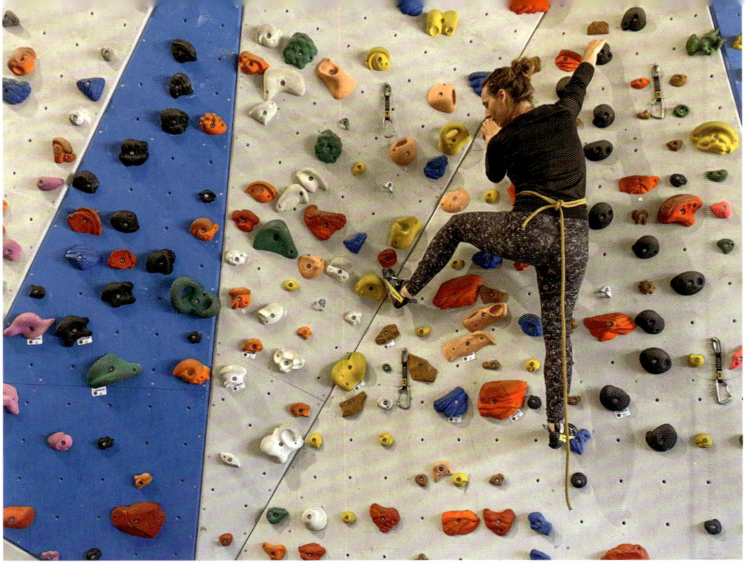

Ein Seilstüc
dient als
Visuali-
sierung
unseres
Lotes

Bouldern – Treten

Das Lot
Anzahl: mindestens 4 Personen

Mit einem Stück Seil wird ein Lot gebastelt, welches am Körperschwerpunkt befestigt wird. Im vertikalen Gelände wird nun gebouldert. Ein Fuß darf nur bewegt werden, wenn die Schlinge (das Lot) genau über dem anderen Fuß ist. Die Schlinge dient als Visualisierungshilfe.

Varianten

- Traversieren.
- Große und kleine Schritte machen.
- In 2er-Teams, einer kontrolliert.

Reflexionsfragen

- Wie hilft es dir, wenn der Körperschwerpunkt jeweils über einem der Füße ausgerichtet wird?

Intensität:
Materialaufwand:
Zeitaufwand:

Es braucht

- Schlingen
- Smartphone, Tablet

Den Tritt anschauen hilft für die Fuß-präzision

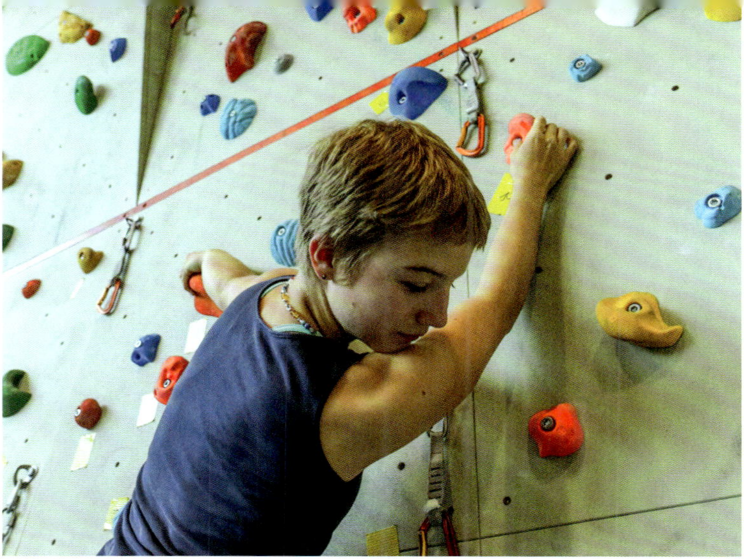

Bouldern – Treten

Look!
Anzahl: mindestens 4 Personen

Es wird gebouldert. Während den ersten 4 Zügen wird der Blick nur nach oben gerichtet, für die anschließenden 4 Züge schaut man beim Setzen der Füße auf den jeweiligen Tritt.

Variante
- In 2er-Teams: Einer zeigt dem anderen die Tritte an. Die Griffe dürfen frei gewählt werden.

Reflexionsfragen
- Wie hilft dir deine Blickrichtung beim Klettern? Wann schaust du wohin?

Intensität:
Materialaufwand:
Zeitaufwand:

Es braucht
- Nichts!

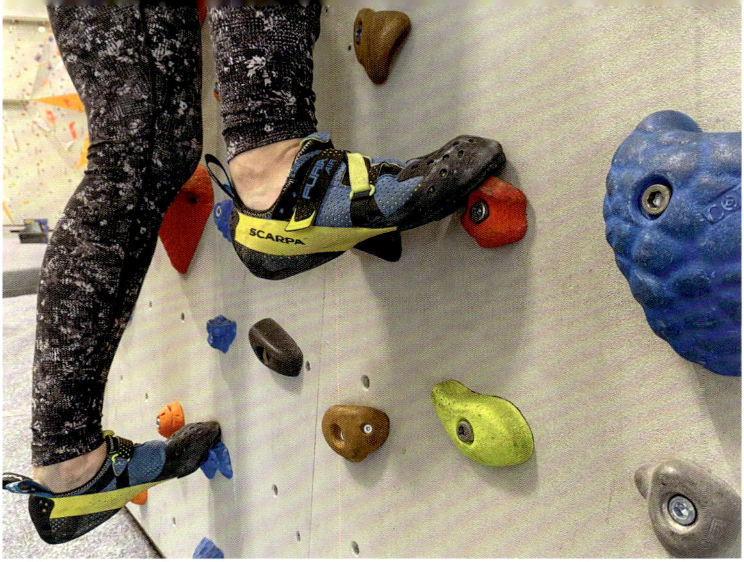

Unser Fuß bietet uns verschie-dene Mög lichkeiten, einen Tritt zu belaste

Bouldern – Treten

Trittformen
Anzahl: mindestens 4 Personen

Die Gruppe lernt verschiedene Trittformen kennen. Es kann zum Beispiel mit dem Fußballen, dem Innen- oder Außenrist angetreten oder auf die Ferse aufgehockt werden. Die Gruppe wird auf Entdeckungsreise geschickt. Sie sollen die verschiedenen Trittformen ausprobieren und danach in Bewegungen umsetzen.

Varianten

- Zu zweit oder dritt einen Boulder definieren, welcher verschiedene Trittformen beinhaltet.
- Die Teilnehmenden erarbeiten sich selbstständig die verschiedenen Trittformen und stellen sie den anderen jeweils vor.

Reflexionsfragen

- Welche Trittform ist für welche Bewegung hilfreich?
- Welche Trittform ist in welchem Gelände hilfreich?

Intensität:
Materialaufwand:
Zeitaufwand:

Es braucht

- Nichts!

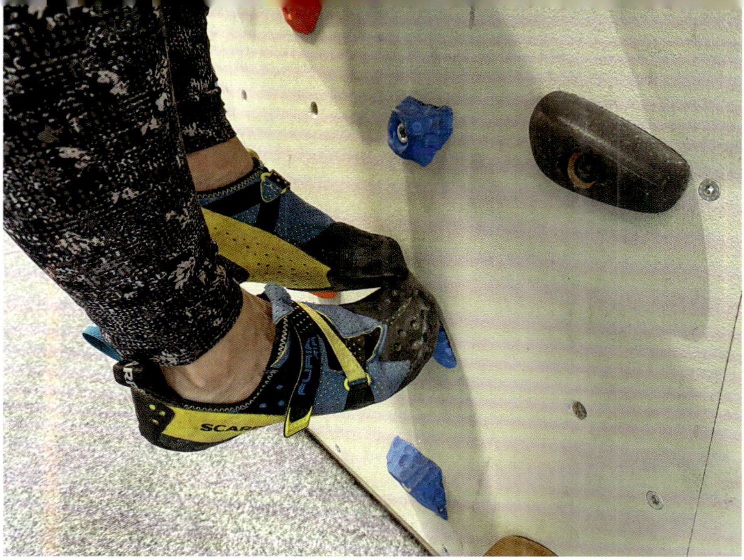

Eine Möglichkeit aus der Sackgasse, wenn man falsch steht

Bouldern – Treten

Fußwechsel
Anzahl: beliebig

Die Teilnehmenden überlegen sich alleine oder in Kleingruppen verschiedene Varianten von Trittwechseln und probieren diese in verschiedenem Gelände aus.

Variante

- Lehrperson zeigt verschiedene Trittwechsel (z. B. Füße nebeneinander setzen, springen, 2 Mal auf Reibung an die Wand stehen …) vor. Danach wird in Kleingruppen an festgelegten Orten geübt.

Reflexionsfragen

- Wann eignet sich welcher Trittwechsel? Hast du selbst eine Präferenz?

Intensität:
Materialaufwand:
Zeitaufwand:

Es braucht

- Nichts!

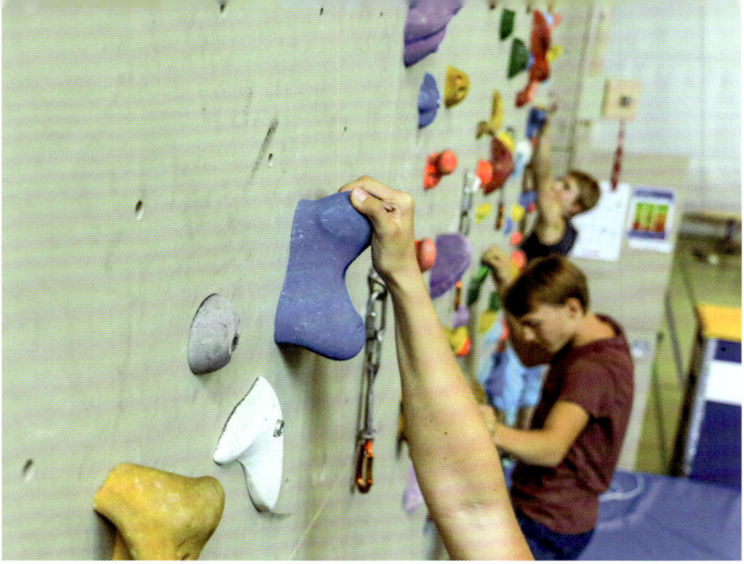

Je nach Ausrichtun[g] und Form des Griffes wird er anders gehalten

Bouldern – Greifen

Griffarten kennenlernen
Anzahl: mindestens 4 Personen

Die Gruppe lernt verschiedene Griffarten kennen (Henkel, Untergriff, Seitgriff, Leiste, Aufleger). Danach werden 2er-Teams gebildet. Person A steigt in die Kletterwand. Person B sagt jeweils die nächste Griffart an. Zum Beispiel: «Nimm einen Untergriff». Person A klettert so weit, bis sie einen entsprechenden Griff findet und benutzt hat. Nach 5 erkletterten Griffarten werden die Rollen getauscht.

Varianten

- Die Lehrperson definiert verschiedene Griffarten. Innerhalb der Teams wird nun ein Boulder mit Tape definiert, welcher die definierten Griffarten enthält. Danach werden die Boulder von allen geklettert.

Reflexionsfragen

- Wie sieht die optimale Belastungsrichtung für die verschiedenen Griffarten aus?

Intensität:
Materialaufwand:
Zeitaufwand:

Es braucht

- Nichts!

Wie weit komme ich mit einem Zug?

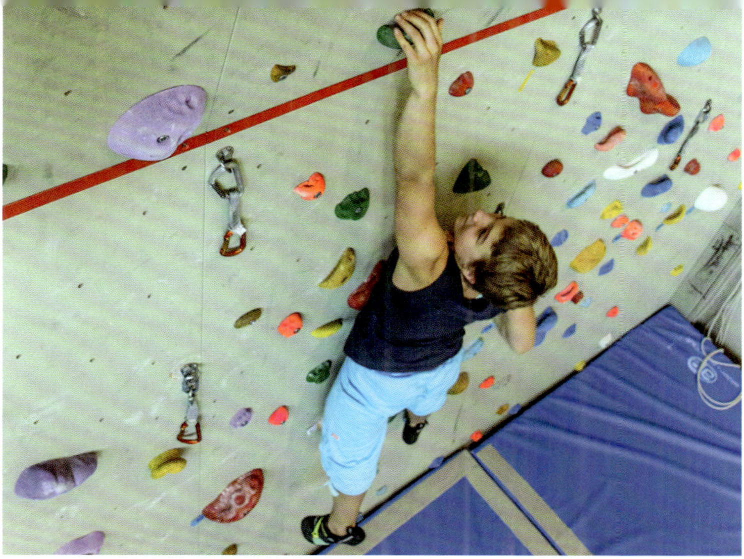

Bouldern – Greifen

Radius

Anzahl: mindestens 4 Personen

Person A nimmt an einem guten Griff eine stabile Position ein. Von dieser greift sie 5 Mal so weit wie möglich in verschiedene Richtungen, ohne die Füße umzustellen. Die berührten Griffe werden von Person B markiert. Dieselbe Aufgabe wird noch einmal durchgeführt, dieses Mal aber mit Umstellen der Füße.

Reflexionsfragen

- Was geht dir beim Anschauen deiner beiden Radien durch den Kopf?
- Was nimmst du für dich aus der Aufgabe mit?

Intensität:
Materialaufwand:
Zeitaufwand:

Es braucht

- Klebeband

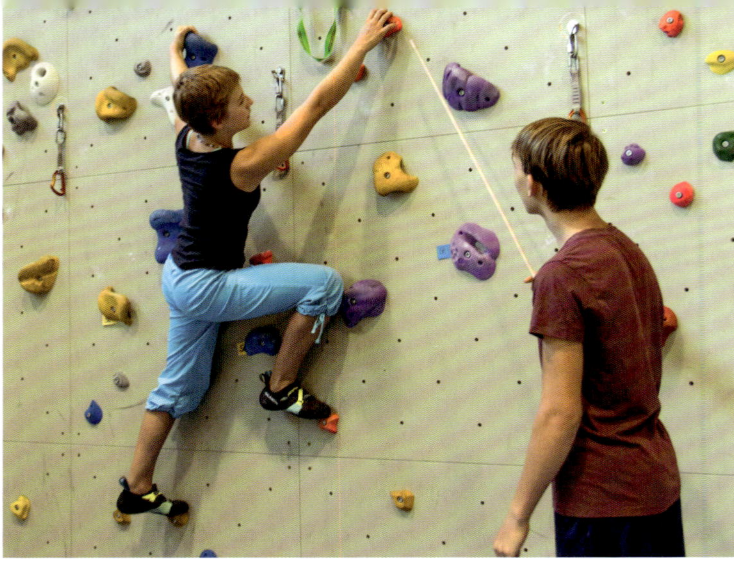

Die Entscheidung des nächsten Griffs wird ausgelage

Bouldern – Greifen

Dirigieren
Anzahl: mindestens 4 Personen

Person A bouldert, während Person B immer den nächsten Griff anzeigt. Nach 15 Griffen wird gewechselt.

Varianten
- Person B sagt rechte/linke Hand mit an.
- Person B sagt mehrere Griffe auf einmal an.
- Person B sagt nur die nächste Farbe an.

Reflexionsfragen
- Wie hat dir der*die Dirigent*in geholfen?
- Wie kannst du dein*e persönliche*r Dirigent*in werden?

Intensität:
Materialaufwand:
Zeitaufwand:

Es braucht
- Zeigestab

as Gewicht
uf die Füße
u bringen,
st das Ziel!

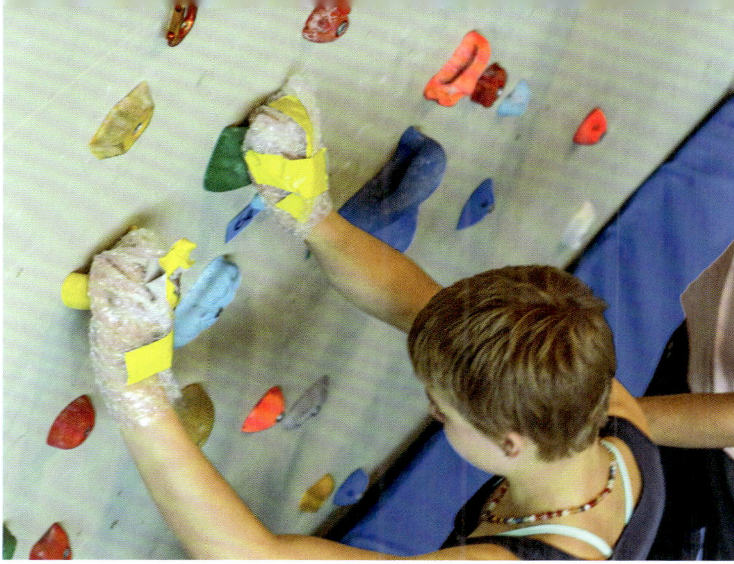

Bouldern – Greifen

Gut verpackt!
Anzahl: beliebig

Aus Verpackungsmaterial werden Handschuhe gebastelt. Nun klettern die Teilnehmenden an verschiedenen Griffen an einer geneigten Wand. Ziel ist es, möglichst viel Gewicht auf die Füße zu bringen und so wenig Luftpolster wie möglich zum Platzen zu bringen.

Varianten
- Ohne Verpackungsmaterial in einer senkrechten Wand.
- Einen Griff so fest wie möglich halten.
- Einen Griff so wenig wie möglich halten.
- Bei jedem Zug den Griff erst fest zudrücken und dann etwas loslassen.

Reflexionsfragen
- Was hilft dir bei der Ausführung?
- Weshalb ist es wichtig die Griffe möglichst wenig zu belasten?

Intensität:
Materialaufwand:
Zeitaufwand:

Es braucht
- Luftpolsterfolie

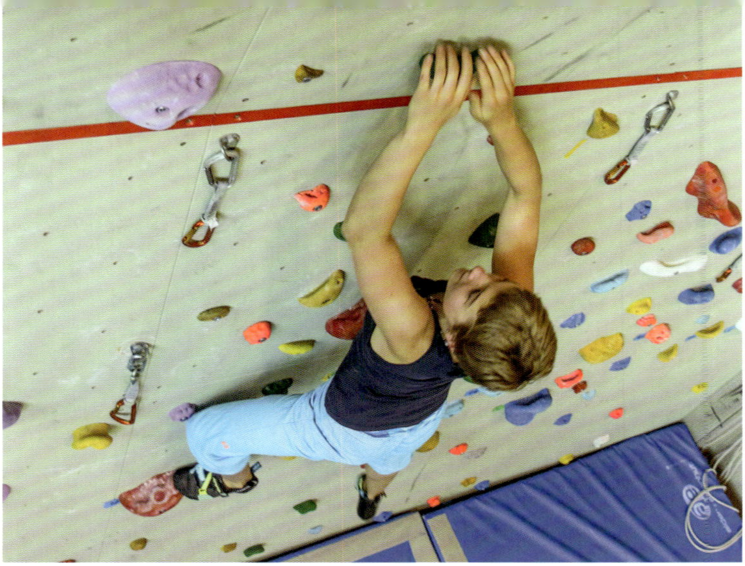

Die Einstiegsübung für dynamische Bewegungen und Sprünge

Bouldern – Greifen

Action
Anzahl: mindestens 4 Personen

Alle Teilnehmenden nehmen eine Ausgangsposition an der Kletterwand, bzw. an einem Gerät ein, in welcher die Beine gebeugt und die Arme gestreckt sind. Dann stoßen sie kräftig aus den Beinen und greifen gleichzeitig mit beiden Händen im toten Punkt einen Griff. Anschließend wird gleich wieder in die Ausgangsposition zurückgegangen. Dies wird an verschiedenen Orten wiederholt.

Varianten

- Einfachere Variante: Die Füße sind am Boden.
- In 2er-Teams sagt eine Person der anderen die 5 Griffe an.
- Mit beiden Händen an 2 verschiedene Griffe.
- Vor dem Greifen in die Hände klatschen.
- Einen Boulder mit dieser Aufgabe klettern.
- Einen Griff rechts oder links greifen und die Füße nachnehmen.

Reflexionsfragen

- Worauf muss geachtet werden, damit ein beidhändiges Weitergreifen möglich ist?

Intensität: 2/3
Materialaufwand: 1/3
Zeitaufwand: 3/3

Es braucht

- Nichts!

Die eine Hand lässt los während die andere Hand schnell nachgreift

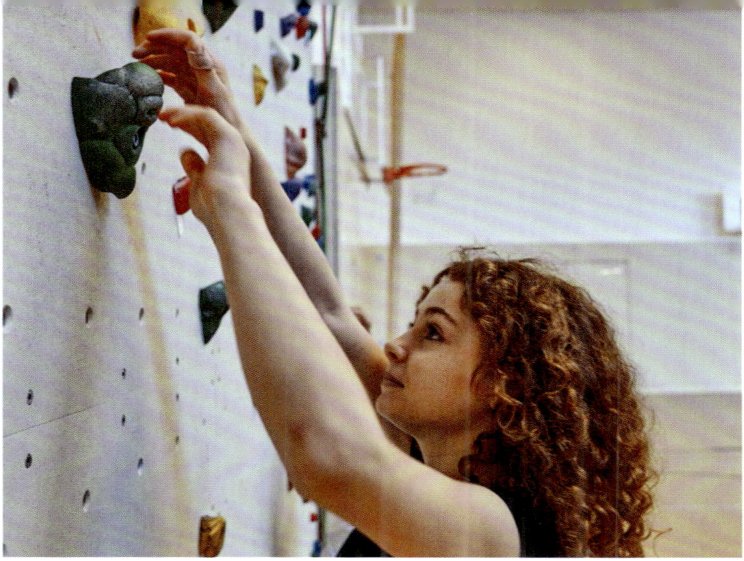

Bouldern – Greifen

Handwechsel
Anzahl: beliebig

Die Teilnehmenden überlegen sich verschiedene Varianten von Griffwechseln und probieren diese in verschiedenem Gelände aus.

Varianten
- Die Lehrperson zeigt verschiedene Griffwechsel (nebeneinander legen, fliegend, einzelne Finger nacheinander) vor. Danach wird in Kleingruppen an festgelegten Orten geübt.
- In 2er-Teams sagt eine Person der anderen die 5 Griffe an.
- Sich in Kleingruppen austauschen.

Reflexionsfragen
- Wann eignet sich welcher Griffwechsel? Hast du selbst eine Präferenz?

Intensität:
Materialaufwand:
Zeitaufwand:

Es braucht
- Nichts!

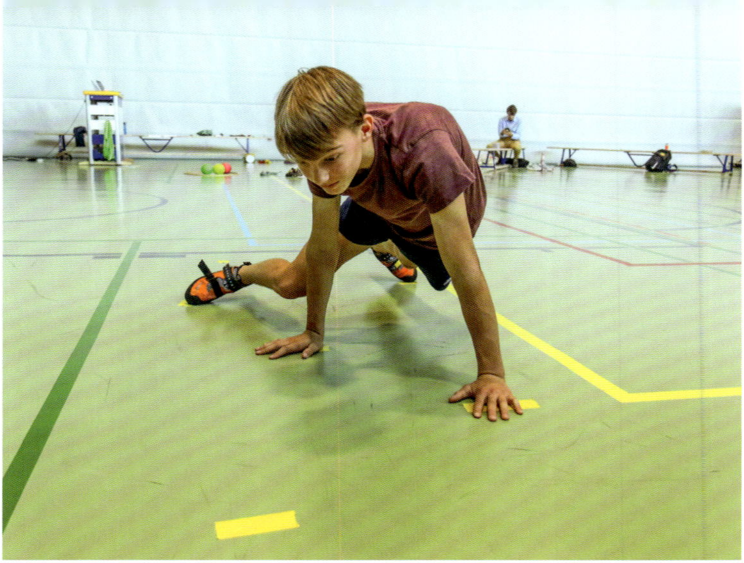

Die Züge werden verinnerlic und auf dem Bode nachgeste

Bouldern – Greifen

Architekt
Anzahl: mindestens 4 Personen

Jede*r Teilnehmende sucht sich einen Boulder aus. Dieser wird so oft geklettert, bis er aus dem Gedächtnis aufgezeichnet werden kann.

Varianten

- Den Boulder aus dem Gedächtnis mit Klebeband auf dem Boden nachkleben und dann auf allen vieren nachbouldern.
- Den Boulder blind klettern.
- Challenge: Wer schafft es, nach nur einmaligem Klettern, den Boulder aus dem Gedächtnis aufzuzeichnen?

Reflexionsfragen

- Welche Strategien haben dir geholfen den Boulder im Gedächtnis zu behalten?

Intensität:
Materialaufwand:
Zeitaufwand:

Es braucht

- Klebeband oder Notizmaterial

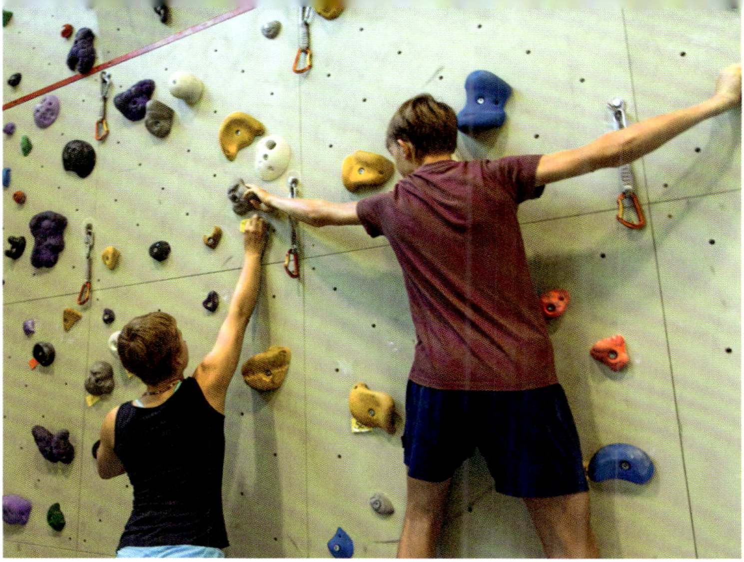

Hier steht die Zusammenarbeit im Team im Vordergrund

Bouldern – Greifen

Young Innovators
Anzahl: mindestens 4 Personen

Es werden Teams gebildet. Diese definieren einen Boulder anhand verschiedener durch die Lehrperson definierten Vorgaben. Zum Beispiel: 10 Züge, 1 Henkel, 2 Seitgriffe, 1 Untergriff.

Die Boulder werden mit Klebeband markiert. Ziel ist es, einen herausfordernden Boulder zu definieren, den trotzdem alle schaffen können. Im Anschluss werden die Boulder von allen getestet.

Varianten
- Pro Gruppe gibt es verschiedene Vorgaben.
- Jedes Team definiert für sich eine Anzahl Vorgaben. Werden diese beim Testklettern erkannt?

Reflexionsfragen
- Welche Herausforderungen habt ihr als Team erlebt?
- Wie habt ihr diese gemeistert?

Intensität: 2/3
Materialaufwand: 2/3
Zeitaufwand: 3/3

Es braucht
- Klebeband

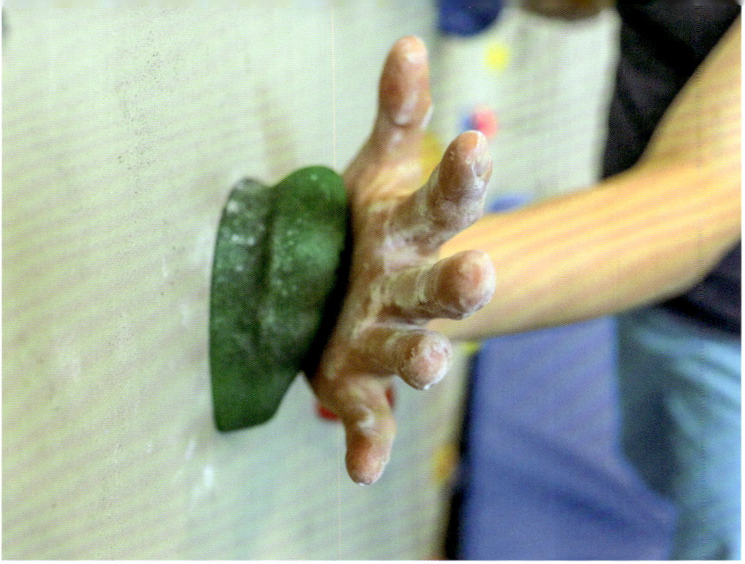

Nach dem Freeze schließen sich nur di Finger um den Griff!

Bouldern – Sich positionieren und bewegen

Freeze
Anzahl: beliebig

In einem Boulder wird bei jedem Zug vor dem Griff 3 Sekunden in der Position verharrt. Dabei wird der Handballen an den Griff gelegt, sodass beim Greifen nur noch die Finger um den Griff geschlossen werden müssen.

Varianten
- Auf dem Griff wird Klavierspielen simuliert, bevor gegriffen wird.
- Die Gruppe klettert an der Boulderwand. Die Lehrperson sagt immer wieder «Freeze». Alle Teilnehmenden erstarren für 3 Sekunden, bevor weitergeklettert werden darf.

Reflexionsfragen
- Was brauche ich, damit ich vor dem Griff verharren kann?

Intensität: ≋ ≋ ≋
Materialaufwand: ≋
Zeitaufwand: ≋

Es braucht
- Nichts!

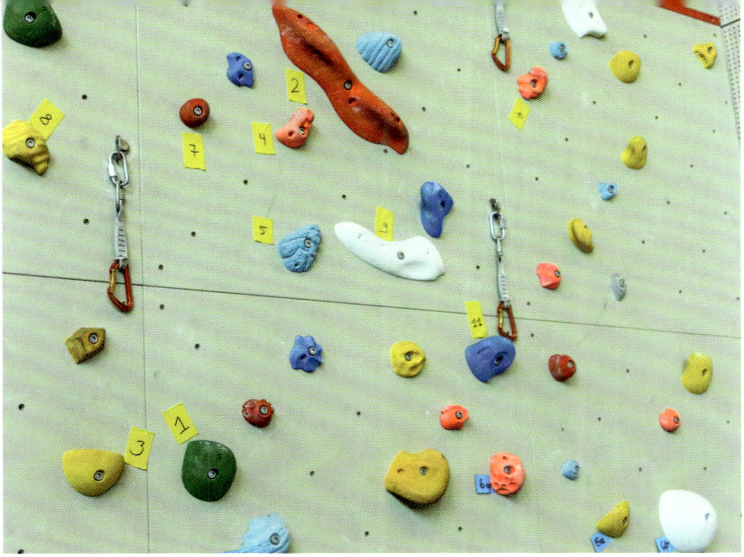

Bouldern – Sich positionieren und bewegen

Im Supermarkt
Anzahl: mindestens 4 Personen

Vorbereitung: Die Lehrperson nummeriert Griffe von 1 bis 20, analog der Zahlen in der Gemüseabteilung zum Abwägen der Portionen.

Person A geht im Supermarkt einkaufen. Sie nennt eine 5-stellige Zahlenabfolge, welche von Person B mit den Händen nachgeklettert werden muss. Die Füße bleiben für die Person B frei wählbar. Zur Vereinfachung kann Person A die definierte Abfolge auf einem Papier festhalten. B klettert, A kontrolliert bzw. unterstützt wo nötig.

Varianten

- Unterschiedliche Anzahl Züge definieren, je mehr Züge erinnert werden müssen desto schwieriger.
- Zusatzaufgabe für Person A: Die Züge müssen für den anderen einfach/mittel/schwierig sein.

Reflexionsfragen

- Welche Rolle war schwieriger, die von Person A oder B? Was an der Rolle war schwierig oder einfach?

Intensität: 2/3
Materialaufwand: 3/3
Zeitaufwand: 3/3

Es braucht

- Klebeband
- Stift

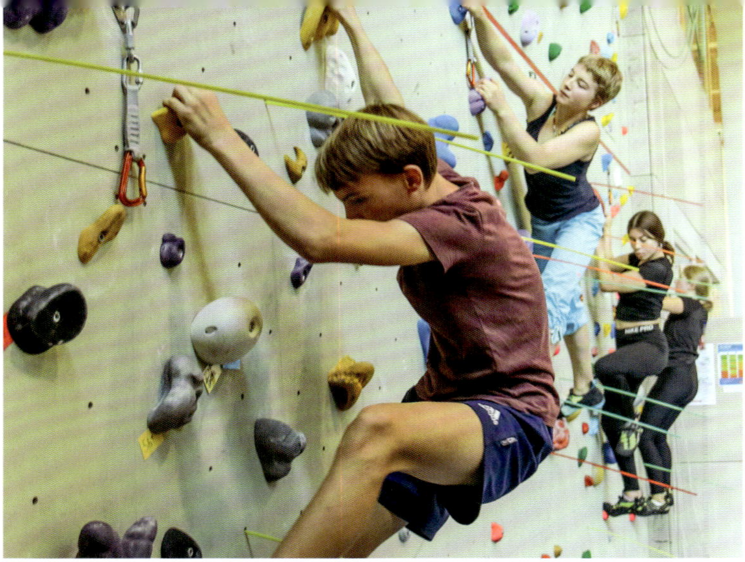

Die Trinkhalme symbolisieren die Laser der Überwachungskamera

Bouldern – Sich positionieren und bewegen

Mission Impossible
Anzahl: mindestens 8 Personen

Es treten 2 Teams gegeneinander an. Im Team A bekommt jeder 2 Maxi-Trinkhalme, welche in ein Bohrloch der Boulderwand gesteckt werden. Maximale Griffhöhe ist auf 3 Metern. Team B sind die Einbrecher*innen, welche die Bank ausrauben möchten. Schafft es mindestens eine Person aus Team B, den Parcours ohne Berühren der Trinkhalme durchzuklettern?

Varianten

- Mittels Seil oder Tape wird ein Bereich definiert, welcher durchklettert werden muss.
- Gegenstände werden auf Griffe gelegt, welche nicht berührt werden dürfen.

Reflexionsfrage

- Was waren die Strategien und Taktiken der verschiedenen Teams?

Intensität:
Materialaufwand:
Zeitaufwand:

Es braucht

- Trinkhalme oder andere Gegenstände

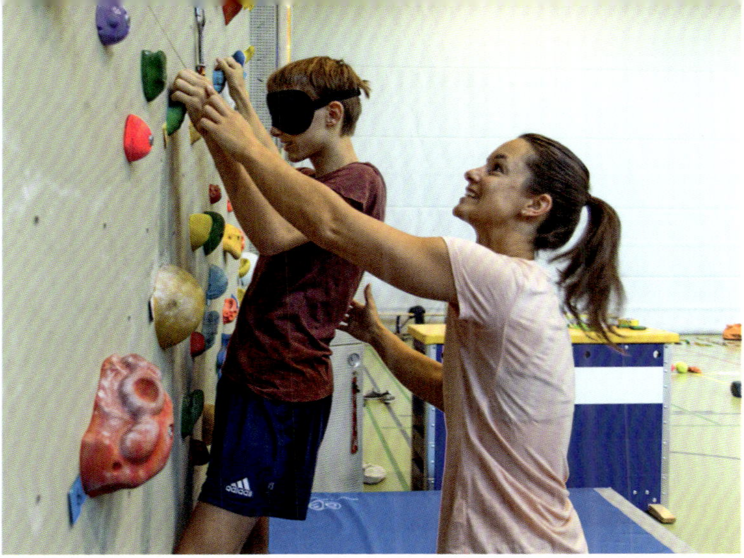

Wie verständigt man sich blind?

Bouldern – Sich positionieren und bewegen

Blinder Fuchs
Anzahl: mindestens 4 Personen

Person A werden die Augen verbunden. Person B führt Person A durch Ansagen über 5 Züge in Bodennähe.

Varianten

- Person B führt die Füße und Hände von Person A ohne zu sprechen.
- Es wird nicht geführt, einer ist nur Zuschauer.

Reflexionsfragen

- Gab es eine Methode des Führens und des Geführtwerdens, welche du als angenehmer empfunden hast?
- Was hast du als Zuschauer wahrgenommen?

Intensität:
Materialaufwand:
Zeitaufwand:

Es braucht

- Eventuell Augenbinde

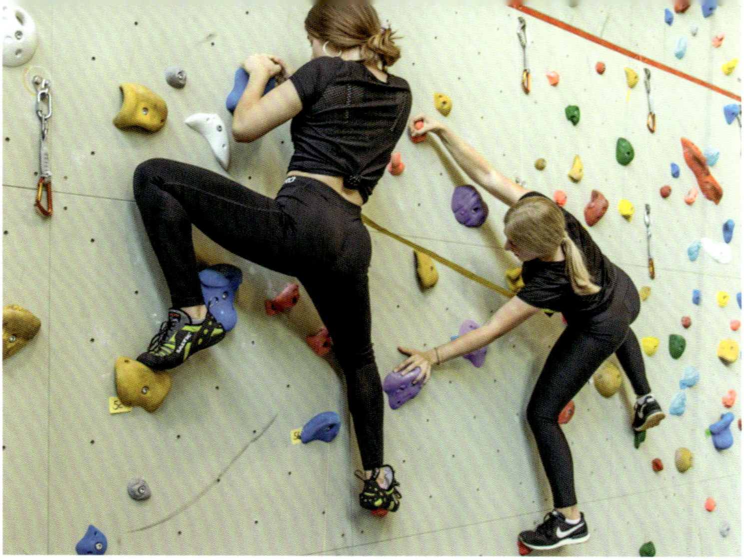

Zusammer arbeiten führt zum Erfolg

Bouldern – Sich positionieren und bewegen

Seilschaft
Anzahl: mindestens 4 Personen

2 oder mehr Teilnehmende werden an der Hüfte verbunden. Achtung: Nur Material verwenden, welches sich im Falle eines Sturzes löst. Ziel ist es, eine vorgegebene Kletterstrecke als Seilschaft zu überwinden.

Varianten

- Handgelenke verbinden.
- Fußgelenke verbinden.
- Länge der Verbindung variieren.
- Durch einen vorgegebenen Parcours klettern.

Reflexionsfrage

- Welchen Herausforderungen seid ihr als Team bei dieser Aufgabe begegnet? Wie habt ihr sie gelöst?

Intensität:
Materialaufwand:
Zeitaufwand:

Es braucht

- Seilstücke oder Schlingen

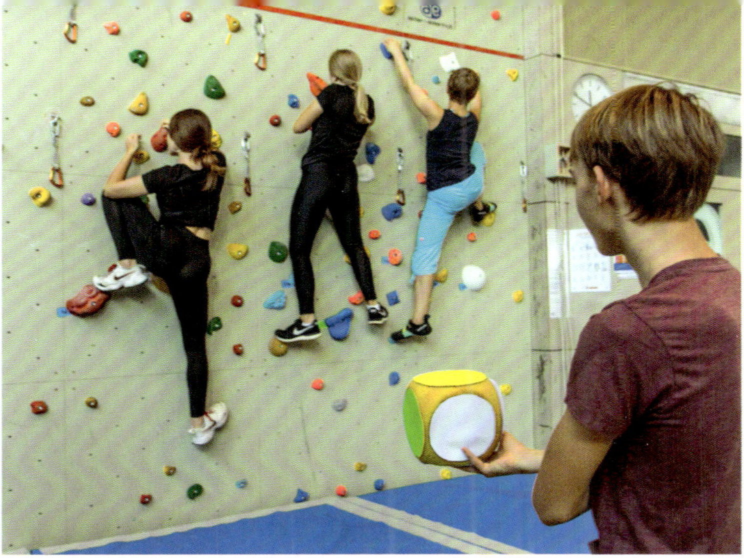

Viele gute Griffe in vielen verschiedenen Farben werden benötigt

Bouldern – Sich positionieren und bewegen

Twister
Anzahl: mindestens 5 Personen

Vorbereitung: Würfel mit Grifffarben ausstatten.

Die Boulderwand wird in Spielfelder eingeteilt. Die Gruppe verteilt sich gleichmäßig auf die Spielfelder. Pro Spielfeld gibt es einen Würfel mit den Grifffarben und es wird zusätzlich eine Person definiert, welche mit Würfeln beginnt. Die gewürfelte Farbe wird mit einer Extremität verknüpft, z. B. «rot = linke Hand». Kann eine Person die Aufgabe nicht erfüllen, so übernimmt sie die Aufgabe des Würfelns.

Varianten
- Ohne Würfel und nur die Farbe und Extremität ansagen.
- Pro gefallener Würfel bewegt sich immer nur eine Person. Es geht immer reihum.

Reflexionsfrage
- Wohin verschiebt sich dein Körperschwerpunkt, bevor du den Zug durchführen kannst?

Intensität: ≡ ≡ ≡
Materialaufwand: ≡ ≡
Zeitaufwand: ≡ ≡

Es braucht
- Würfel mit Grifffarben

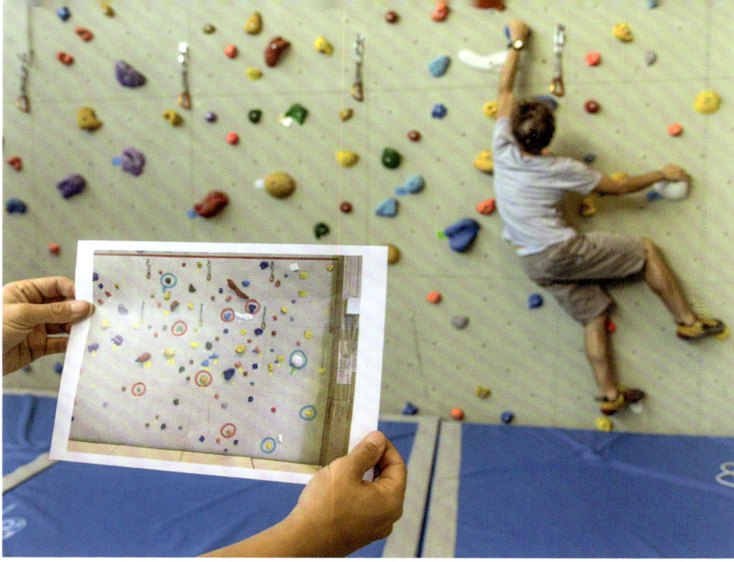

Der auf einem Foto markierte Boulder wird an der Wand geklettert

Bouldern – Sich positionieren und bewegen

Erfindergeist
Anzahl: mindestens 4 Personen

Vorbereitung: Fotos der Boulderwand ausgedruckt oder auf Tablet.

Im Team wird ein Boulderproblem definiert. Auf einem Foto wird der Anfangs- und Endpunkt, sowie die Griffe, die dazwischen gebraucht werden dürfen, markiert. Anschließend wird ein Schwierigkeitsgrad definiert (einfach, mittel, schwierig, Knacknuss). Die Boulderprobleme stehen anschließend den anderen Teilnehmenden zur Verfügung.

Varianten
- Die Schwierigkeit der Boulderprobleme wird vorher ausgewürfelt. Jedes Team hat eine andere Schwierigkeit zu definieren.

Reflexionsfragen
- Nach welchen Kriterien entscheidest du, ob ein Boulderproblem einfach oder schwierig ist?

Intensität:
Materialaufwand:
Zeitaufwand:

Es braucht
- Fotos und Stifte oder Tablet

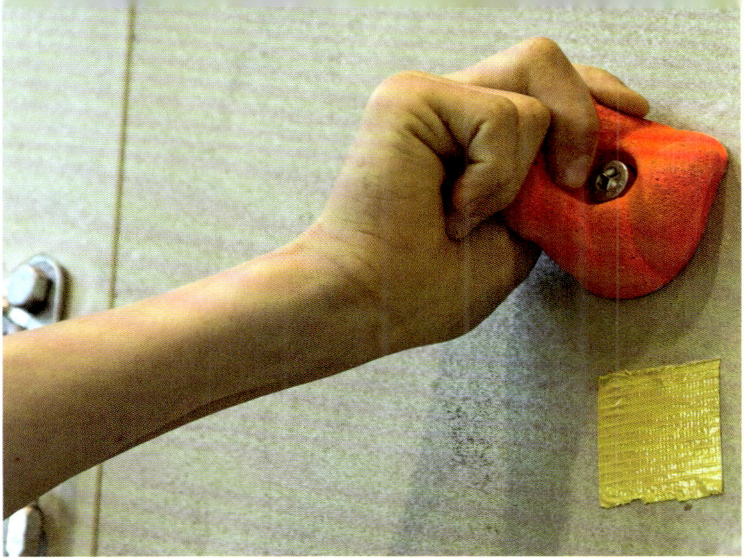

Die Boulder können zu Trainingszwecken vorher markiert werden

Bouldern – Sich positionieren und bewegen

3 mal 3
Anzahl: beliebig

Vorbereitung: Boulder auswählen.

Es werden 3 leichte bis mittelschwere Boulder (mindestens 6 Züge) von der Lehrperson ausgewählt. Jeder Boulder wird 3 Mal nacheinander geklettert (normal, Zeitlupe, schnell).

Varianten
- Für einen Fokus im Kraftbereich werden schwierigere Boulder von 6 bis 10 Zügen gewählt. Für mehr Erholungszeit im Kraftbereich kann in Kleingruppen von 2–4 Teilnehmenden gearbeitet werden.
- Für einen Fokus im Ausdauerbereich wird die Anzahl Boulder oder die Anzahl der Wiederholungen erhöht, z. B. 5x3 oder 3x5.

Reflexionsfragen
- Welche Vor- bzw. Nachteile fallen dir zum langsamen bzw. schnellen Klettern ein?
- Wann ist welche Geschwindigkeit sinnvoll?

Intensität: ≡ ≡ ≡
Materialaufwand: ≡
Zeitaufwand: ≡ ≡ ≡

Es braucht
- Nichts!

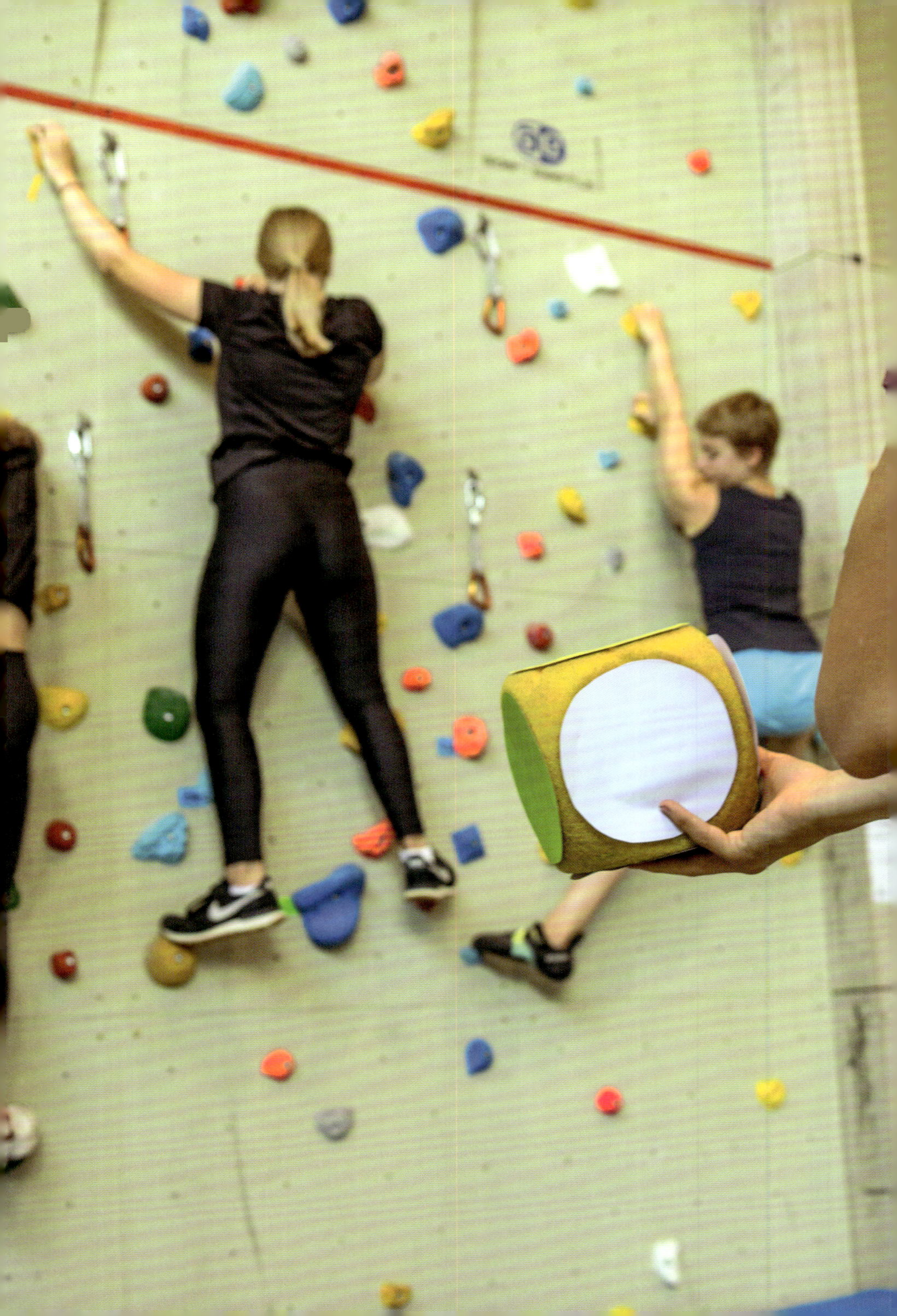

Klettern am Seil

Erste Höhenluft schnuppern am sicheren Seil – so gelingt's! Achtung: Um das Klettern am Seil anzuleiten, braucht die Lehrperson eine entsprechende Ausbildung. Die meisten Ideen in diesem Kapitel lassen sich aber auch in geringer Höhe ohne Seil umsetzen.

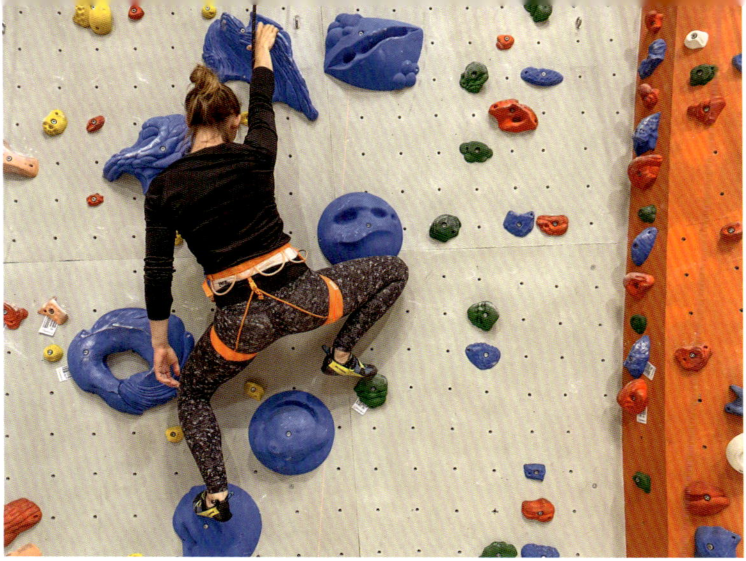

Die kletternde Person nimmt eine Ruheposition ein

Klettern am Seil

Erholung ist wichtig
Anzahl: beliebig

Vor dem Losklettern werden 2 Griffe in der Route definiert, an welchen eine Ruheposition eingenommen wird. Die Ruheposit onen werden genutzt, um beide Arme während 30 Sekunden auszuschütteln. Zwischen den Ruhepositionen wird zügig geklettert.

Varianten

- Zeit der Ruheposition verkürzen oder verlängern.
- Ruhepositionen während dem Klettern definieren.
- Sicherer gibt Kommando, wann eine Ruheposition eingenommen werden soll.

Reflexionsfragen

- Wie kannst du diese Aufgabe auf deinen Alltag übertragen?
- Wann musst du vorwärts machen, wann kannst du dich ausruhen?

Intensität:
Materialaufwand:
Zeitaufwand:

Es braucht

- Nichts!

Routen vorher nschreiben hilft der Selbstorga-nisation

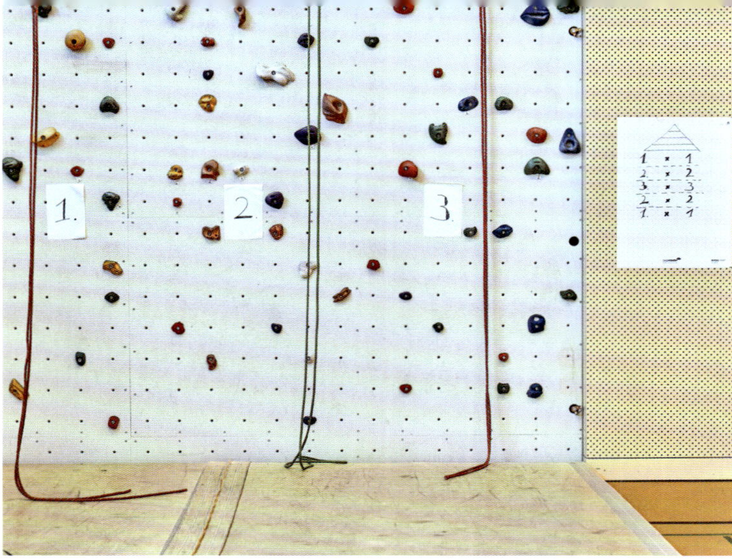

Klettern am Seil

Pyramide
Anzahl: beliebig

Es wird die im Folgenden angegebene Anzahl an Routen und Wiederholungen geklettert.

1. Route 1x klettern
2. Route 2x klettern
3. Route 3x klettern
4. Route 2x klettern
5. Route 1x klettern

Varianten

- Anstatt der Anzahl wird das Niveau sukzessive gesteigert und wieder verringert.
- Je nach Zeit und Niveau der Gruppe, kann die Pyramide um eine Route erweitert oder gekürzt werden.

Reflexionsfrage

- Wie teile ich die Routen ein, dass ich die Aufgabe bewältigen kann?

Intensität:
Materialaufwand:
Zeitaufwand:

Es braucht

- Nichts!

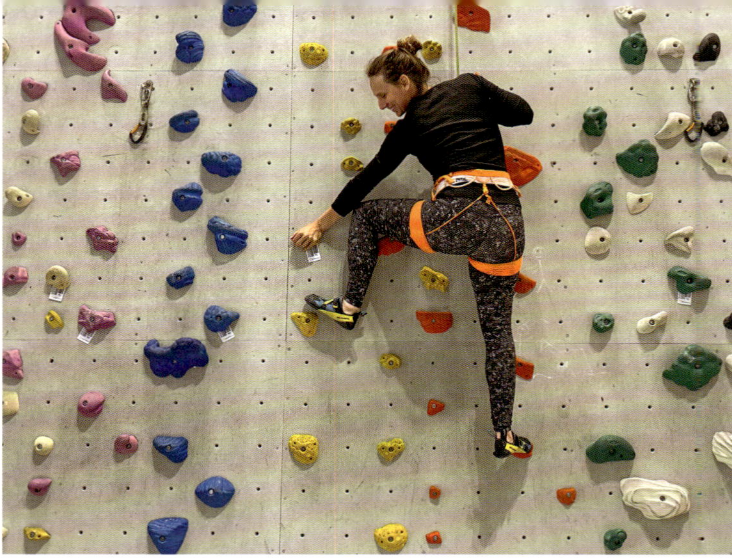

Klettern m
Einschrän-
kung:
Die Hände
gehen nie
überkopf

Klettern am Seil

Challenge
Anzahl: mindestens 4 Personen

Es wird in geneigtem oder senkrechtem Gelände mit allen Griffen und Tritten geklettert. Die Hände greifen oder stützen maximal auf Kopfhöhe.

Varianten

- Die Hände greifen oder stützen maximal auf Schulterhöhe.
- In geneigtem Gelände kann versucht werden die Hände nur noch als Unterstützung für das Gleichgewicht zu benutzen.

Reflexionsfragen

- Wieso funktioniert diese Aufgabe in geneigtem Gelände besonders gut?

Intensität:
Materialaufwand:
Zeitaufwand:

Es braucht

- Nichts!

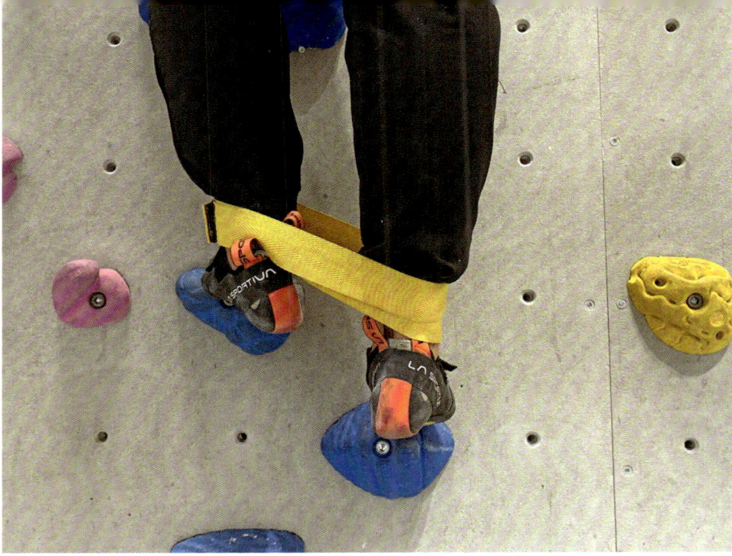

Elastische Bändel lösen sich bei Stürzen

Klettern am Seil

Ausbruch aus dem Knast
Anzahl: mindestens 4 Personen

Eine Person klettert im Top-Rope eine Route, wobei die Füße mit einem elastischen Bändel (das sich im Falle eines Sturzes löst) verbunden werden. Wer schafft es bis ganz nach oben?

Reflexionsfragen
- Was ist die Herausforderung?
- Wie hast du die Herausforderung gemeistert?

Intensität:
Materialaufwand:
Zeitaufwand:

Es braucht
- Elastische Spielbändel oder Bändel mit Klettverschluss

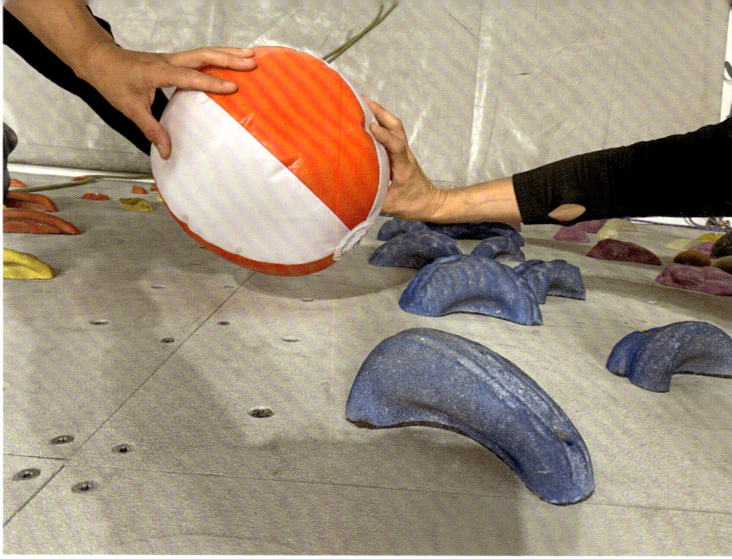

Ein sehr
weicher ur
leichter Ba
sorgt für
Sicherheit!

Klettern am Seil

Balltransport
Anzahl: mindestens 4 Personen

2 Personen klettern parallel nebeneinander nach oben mit der Aufgabe, einen leichten, großen Ball bis zur Umlenkung zu transportieren. Wer schafft es?

Varianten
- 2 Teams treten gegeneinander an.

Reflexionsfragen
- Was hat zum Erfolg beigetragen?

Intensität: ≋ ≋ ≋
Materialaufwand: ≋
Zeitaufwand: ≋ ≋

Es braucht
- Luftballon, aufblasbarer Wasserball

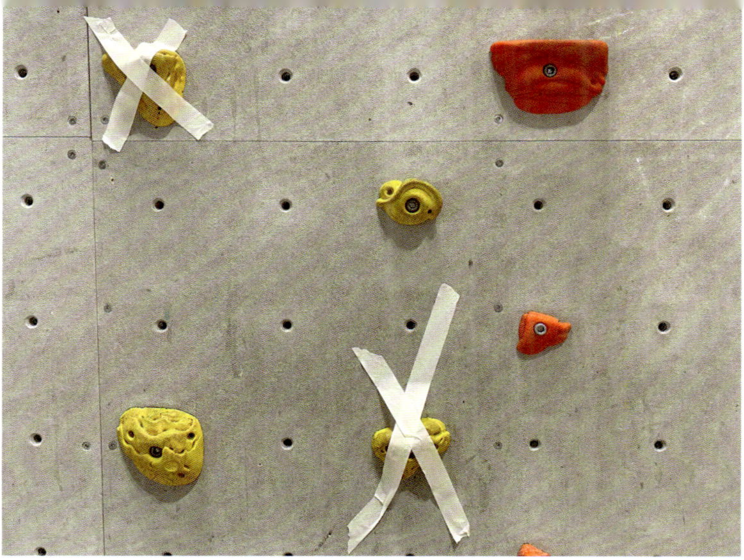

Mit Klebeband als Gedächtnishilfe werden Griffe reduziert

Klettern am Seil

Griffe minimieren
Anzahl: mindestens 4 Personen

Eine Route wird ausgewählt. Person A klettert die Route und markiert beim Herunterlassen zwei Griffe, die nicht mehr gebraucht werden dürfen. Person B klettert die Route nun mit den noch vorhandenen Griffen und eliminiert beim Herunterlassen ebenfalls zwei Griffe. Nach 2 bis 4 Durchgängen wird die nächste Route ausgewählt.

Varianten

- Die Route muss zwingend von allen Personen der Seilschaft kletterbar sein.
- Es werden 3 Durchgänge geklettert. Nun rotieren die Gruppen an die Route der Nachbarn. Entweder werden noch weitere Griffe eliminiert oder die Routen werden Probe geklettert.

Reflexionsfragen

- Worauf muss geachtet werden, dass die Route kletterbar bleibt?

Intensität: ≡ ≡ ≡
Materialaufwand: ≡
Zeitaufwand: ≡ ≡ ≡

Es braucht

- Klebeband

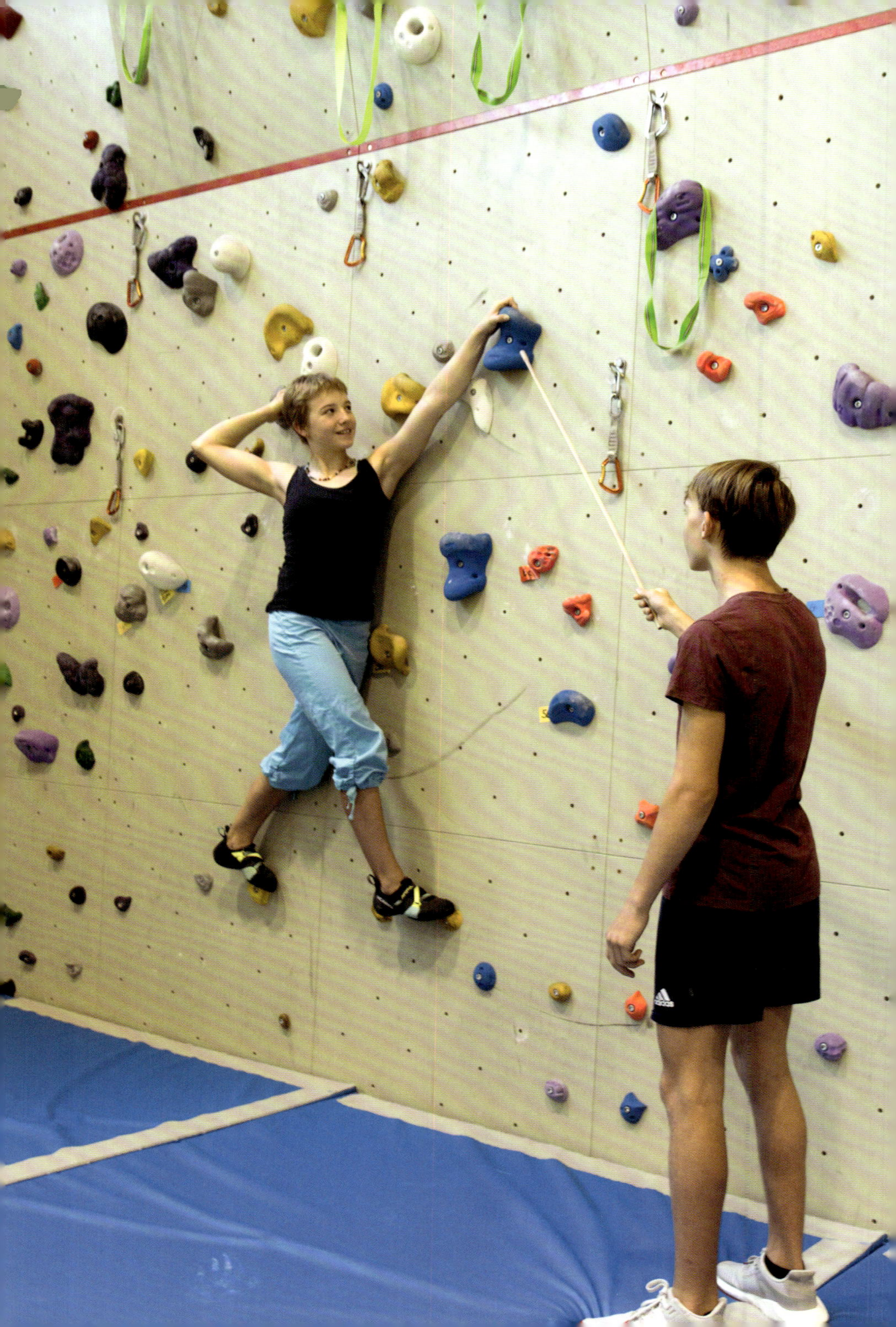

Ausklang

Nach all den vertikalen Abenteuern wollen Körper und Geist wieder beruhigt und abgekühlt werden. Mit diesen Formen gelingt auch zum Lektionsabschluss nochmals ein Highlight!

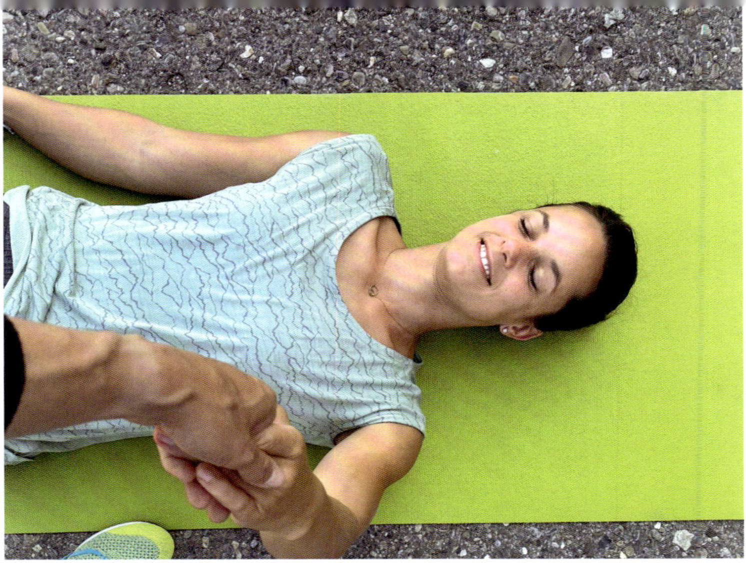

Eine Perso
darf sich
liegend
entspanne

Ausklang

Partnerübung Ausschütteln
Anzahl: mindestens 4 Personen

Person A liegt in Rückenlage auf einer Matte. Person B hebt langsam und vorsichtig einen Arm der liegenden Person, bis der ganze Arm keinen Bodenkontakt mehr hat, und schüttelt ihn vorsichtig. Dasselbe erfolgt mit dem anderen Arm und den beiden Beinen.

Varianten

- Die Teilnehmenden drehen sich nach rechts und klopfen dem*der vor ihnen stehenden Teilnehmenden auf den Rücken (z. B. falls nicht viel Zeit zur Verfügung steht).
- Währenddessen nutzt die Lehrperson die Gelegenheit um einen Rückblick auf die Lektion und ggf. einen Ausblick auf die nächste Lektion zu geben.

Intensität:
Materialaufwand:
Zeitaufwand:

Es braucht

- Nichts!

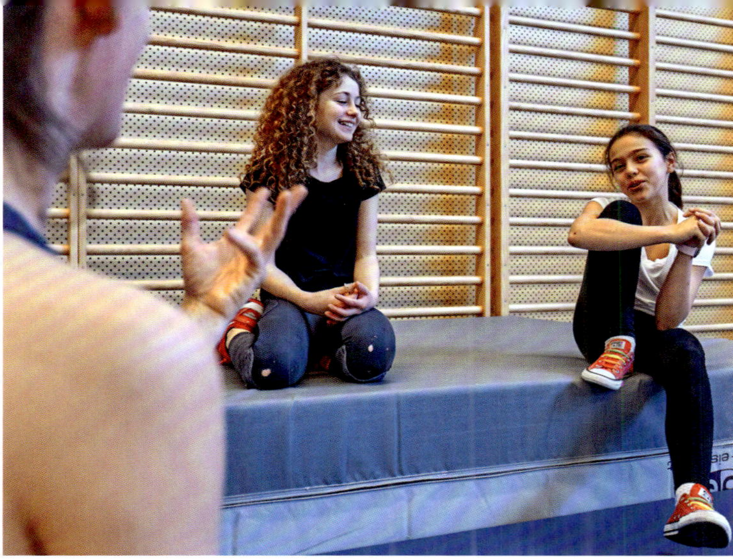

Im Kreis kommen alle zu Wort

Ausklang

Blitzlicht
Anzahl: mindestens 4 Personen

Die Lehrperson leitet zur vertieften Auseinandersetzung des Gelernten an, indem sie ein «Blitzlicht» initiiert.

Alle Teilnehmenden geben kurz und stichwortartig (z. B. maximal 3 Wörter) reihum ein Feedback, z. B. zu einem der folgenden Themen:

- Das hat mir heute besonders Freude bereitet.
- Das habe ich heute neu gelernt.
- Dort möchte ich nächste Woche weitermachen.
- So habe ich heute die Gruppe unterstützt.
- Lernziele werden evaluiert.

Intensität:
Materialaufwand:
Zeitaufwand:

Es braucht
- Nichts!

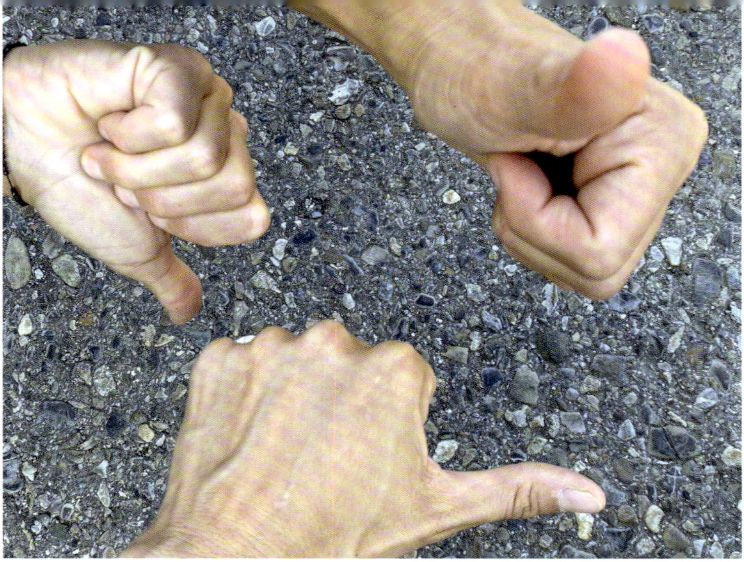

Die Augen können geschlosse werden, ur Gruppen-druck zu reduzieren

Ausklang

Daumenbarometer
Anzahl: mindestens 4 Personen

Die Teilnehmenden schätzen bspw. ihren Mut der heutigen Lektion ein, wobei der Daumen als Barometer dient. Die Teilnehmenden schließen die Augen und antworten auf die Aussagen der Lehrperson mit dem Daumen:

- Daumen nach oben: trifft zu.
- Daumen in der Mitte: trifft teils teils zu.
- Daumen nach unten: trifft nicht zu.

Beispiele

- In der heutigen Lektion habe ich neue Sachen ausprobiert.
- In der heutigen Lektion habe ich Mut gebraucht.
- In der heutigen Lektion habe ich mich sicher gefühlt.
- Lernziele evaluieren.

Intensität:
Materialaufwand:
Zeitaufwand:

Es braucht
- Nichts!

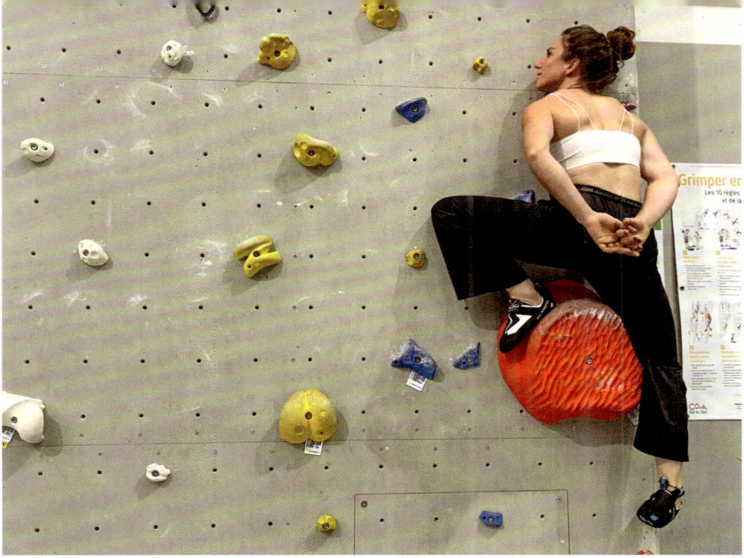

Ein Foto von der Lieblingsposition kann als Erinnerungsstück verwendet werden

Ausklang

Lieblingsposition
Anzahl: beliebig

Die Teilnehmenden zeigen sich zum Abschluss gegenseitig ihre Lieblingsposition an der Kletterwand.

Varianten

- Die Lehrperson macht Fotos der Lieblingspositionen und verschickt diese an die Teilnehmenden zur Erinnerung.
- Die ausgedruckten Fotos können für ein nächstes Aufwärmen gebraucht werden. Dazu müssen die Teilnehmenden alle Lieblingspositionen nachstellen.

Intensität:
Materialaufwand:
Zeitaufwand:

Es braucht

- Smartphone

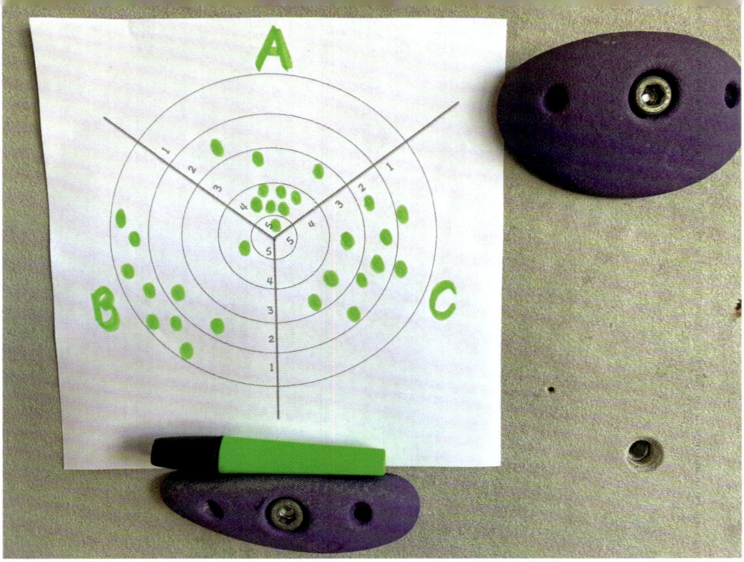

Das Spider-
Raster gibt
einen rasch
Überblick z
Lernzielerr
chung ode
zur Gruppe
stimmung

Ausklang

Spider-Raster
Anzahl: mindestens 4 Personen

Vorbereitung: Spider-Raster ausdrucken.

Die Teilnehmenden schätzen die Erreichung der Lernziele in einem Spider-Raster ein. Diese Form der Rückmeldung dient der Lehrperson als Lernzielevaluation, sowie den Teilnehmenden für die Steigerung des Könnensbewusstseins.

Intensität:
Materialaufwand:
Zeitaufwand:

Es braucht
- Spider-Raster
- Stifte oder Klebepunkte

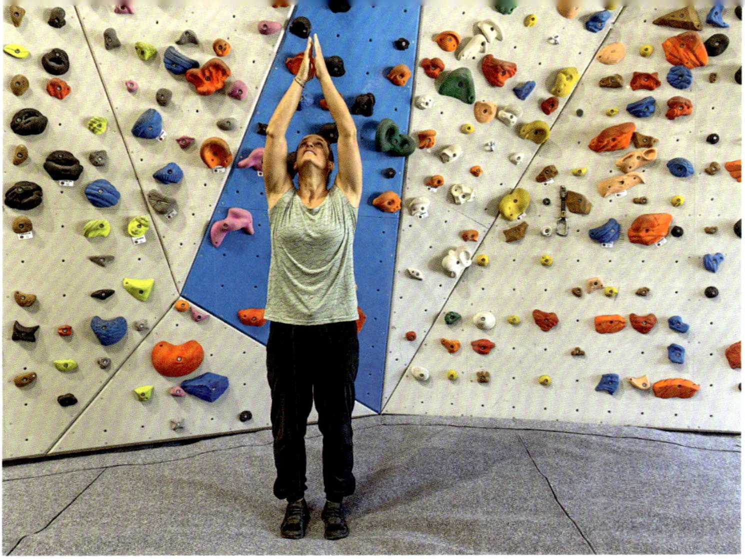

Ausklang

Atemübungen
Anzahl: beliebig

Atemübungen sind hervorragend zur Entspannung und damit zum Stundenausklang geeignet. Nach einer intensiven Lektion (mental oder physisch) kann so Energie gewonnen werden. Die Teilnehmenden stehen in einer ausgeglichenen Position, die Arme befinden sich locker seitlich des Körpers. Beim Einatmen werden die Arme seitwärts über den Kopf geführt, der Blick geht mit, bei der Ausatmung zurück in die Ausgangsposition, der Blick wird wiederum nach vorne unten gerichtet. 5–10 Wiederholungen.

Varianten
- Diese Übung kann gut auch im Liegen erfolgen.

Intensität:
Materialaufwand:
Zeitaufwand:

Es braucht
- Nichts!

Quellen

- Bundesamt für Sport, BASPO (2021). J+S-Manual Grundlagen. Magglingen: Bundesamt für Sport BASPO.
- Bundesamt für Sport und Swiss Olympic (2015). FTEM SCHWEIZ. Rahmenkonzept zur Sport- und Athletenentwicklung in der Schweiz. Magglingen: Bundesamt für Sport BASPO.
- Deci, E. & Ryan, R. (1993). Die Selbstbestimmungstheorie der Motivation und ihre Bedeutung für die Pädagogik. Zeitschrift für Pädagogik, 39 (2), 223-238.
- Hayoz, C., Lanthemann, N., Patteli, G. & Grossrieder, G. (2021). Kompetenzorientiertes Lernen und Lehren im Bewegungs- und Sportunterricht. Fachdidaktisches Referenzmodell. Bern: hep.
- Kowald, A. & Zajetz, A. (2015). Therapeutisches Klettern. Anwendungsfelder in Psychotherapie und Pädagogik. Stuttgart: Schattauer GmbH.
- Schweizer Alpen-Club SAC (2015). Gecko Trophy. Bern.
- Schweizer Alpen-Club SAC (2020). Sicher klettern indoor (3. Auflage). Bern.
- Schweizerischer Verband für Sport in der Schule SVSS. climbing is cool – climbing in school. Zugriff am 20. Dezember 2019 unter http://climbingiscool.ch

Dank

An dieser Stelle möchten wir uns herzlich bei allen bedanken, die zum Gelingen dieses Buches beigetragen haben. An erster Stelle Muriel Sutter, welche durch ihre Marke Burner Motion und ihr großes Engagement dieses Buch überhaupt erst möglich gemacht hat.

Ein besonderer Dank gilt auch unseren beiden Partnern und ihrer Geduld. Ebenfalls ein Dankeschön geht an unsere ehrenamtlichen Fotograf*innen Adrian Stämpfli und Florence Gross, sowie der freiwilligen Jugendlichen, die mit viel Motivation geduldig vor der Kamera standen

Ein großes Danke gilt auch unserer studentischen Hilfskraft Kevin Kohler sowie allen, welche uns in unserem Projekt unterstützt haben, darunter Patrick Kupferschmied, Damian Beck, Chloé Stucki, Marianne Steffen, Adrian Dietrich und Anne Biller.

Zusätzlich möchten wir dem Hauswartsteam des Zentrums für Sport und Sportwissenschaft Bern danken sowie Grimper.ch SA und dem Collège Gambach. Diese haben uns Zugang zur Infrastruktur gewährt und dadurch die Fotos in diesem Buch erst möglich gemacht.

Die Autorinnen Jasmin Biller und Manuela Catillaz – im Mai 2022

Bibliografische Information der
Deutschen Nationalbibliothek

Die Deutsche Nationalbibliothek verzeichnet diese Publikation in der Deutschen Nationalbibliografie; detaillierte bibliografische Daten sind im Internet über http://dnb.d-nb.de abrufbar.

Bestellnummer: 4059

www.hofmann-verlag.de

Erschienen als Band 14 der
Reihe Burner Motion

Fotos: Adrian Stämpfli, Florence Gross
Layout: Mirjam Stücker-Allenspach

Druck: Druck- und Kalender-Marketing Sosset GmbH, Kißlegg

Printed in Germany
ISBN 978-3-7780-4059-1

AZAD NAGAR

"A brave and brilliant report on the tyranny of the caste system and continuing feudal practices in India's villages. *Azad Nagar* rips apart the cliche of India being the largest democracy in the world and shows us how millions of Indians are deprived of their basic constitutional freedoms and rights."

—**BASHARAT PEER**

Author of *A Question of Order: India, Turkey, and the Return of Strongmen*, contributing writer for the *New York Times*

"A powerful, damning account of economic growth, beautifully told through the tragic story of the fight for freedom from slavery of tribals in India. A must-read for anyone wanting to understand modern slavery, the fragility of ideas of freedom, the place of violence in bringing about progressive change, and modern India."

—**ALPA SHAH**

Professor of Anthropology, London School of Economics, author of *Nightmarch: Among India's Revolutionary Guerrillas*

"Laura Murphy brings a formidable array of experiences and skills to this compelling project. Trained in literary studies and the author of previous works on slave narratives of the past and human rights abuses in the present, she makes effective use in *Azad Nagar* of research techniques associated with oral history, ethnography, and investigative journalism while demonstrating a novelist's feel for scene setting, character development, and pacing."

—**JEFFREY WASSERSTROM**
Chancellor's Professor of History at the University of California, Irvine, author of *Vigil: Hong Kong on the Brink*

"In *Azad Nagar*, Laura Murphy returns to an Indian village known to many as an anti-slavery success story, where she uncovers complex interconnections, unresolved truths, and a community and its former enslavers wrestling with mechanization, globalization, and environmental racism. Drawing on her deep understanding of historical slave resistance and modern human trafficking policy, Murphy echoes Dr. Martin Luther King's warning that Emancipation cannot become an uncashed promissory note, but must be an ongoing guarantee of liberty and opportunity."

—**AMBASSADOR (RET.) LUIS C.DEBACA**
Gilder Lehrman Center for the Study of Slavery, Resistance, and Abolition, Yale University

AZAD NAGAR

THE STORY OF A 21ST-CENTURY SLAVE REVOLT

LAURA T. MURPHY

HarperCollins *Publishers* India

First published in the US in 2021 by Columbia Global Reports
91 Claremont Avenue, Suite 515 New York, NY 10027
globalreports.columbia.edu

This edition published in India by HarperCollins *Publishers* 2022
4th Floor, Tower A, Building No. 10, Phase II, DLF Cyber City,
Gurugram, Haryana –122002
www.harpercollins.co.in

2 4 6 8 10 9 7 5 3 1

P-ISBN: 978-93-5489-537-1
E-ISBN: 978-93-5489-563-0

Typeset in 11.5/16.5 Adobe Caslon Pro at
Manipal Technologies Limited, Manipal

Printed and bound at
Thomson Press (India) Ltd

FSC
MIX
Paper
FSC® C010615

This book is produced from independently certified FSC® paper to ensure responsible forest management.

for Kanchuki

CONTENTS

INTRODUCTION

In a tiny rural village about an hour outside of Varanasi, a woman operates what is essentially the Indian equivalent to a station on the underground railroad, that collection of unmarked safe havens that enabled enslaved people to make their way to freedom in the United States in the nineteenth century. "I won't tell you where, but I hide runaways here," the diminutive great-grandmother said.

Weary men who traveled across the state of Uttar Pradesh to escape slavery would seek shelter here. Some of the men had been working in brick kilns, where they found themselves indebted to their employers. As their debts inexplicably grew, their employers expected them to work without being paid more than a bit of grain to fuel their next day's labor, and many expected their children to do the same, sometimes even for generations. Others fled across several provinces to arrive here. Many migrant workers had traveled to big cities for better opportunities, but found forced, unpaid labor in construction or other industries instead. When they tried to quit their jobs, their employers responded with violence or threats. The police often defended the employers.

On the rare occasions that they did run, if they found their way to this village, the woman kept them hidden until she could guide them to the next hideout. A few nonprofit organizers knew she ran a safehouse, and they quietly assisted her. When the police suspected she might be hiding someone, they lurked around the village and harassed her. But she was unshaken. She had been a bonded laborer herself, and she once believed that she would never be able to escape the clutches of the family that had enslaved her own for generations.

People often forget how anonymous the African American abolitionist Harriet Tubman kept herself in order to act as an effective "conductor" of the underground railroad. Today, Tubman is the subject of biographies, children's books, songs, and a whole abolitionist imaginary. However, if her contemporaries had known too much about her—her name, where she lived, where she worked, who she ferried, what routes she traversed with fugitives in tow—she would have lost her ability to help people escape to freedom. Yet she was only one of possibly hundreds who conspired across thousands of miles to provide routes to freedom for enslaved people in the American South, all of whose identities were studiously well-kept secrets. This is one of the great achievements and mysteries of the underground railroad. So, when I heard this woman's story, which she shared to enlist the help of the community organizers with whom I was traveling, I quickly deleted her name from my notes. To ensure her ability to continue her work, her story must remain only whispers.

Many people have only recently come to realize that slavery still exists. The Global Slavery Index estimates that there are 40 million people enslaved globally.[1] Slavery today comes in many different guises. Haratin people enslaved in Mauritania endure a kind of chattel slavery that eerily resembles the inherited, transgenerational ownership of human lives and labor that characterized plantation slavery in the United States. But most slavery today is less a matter of ownership than it is of inescapable and unpaid forced labor, as it has been in many of its iterations throughout history. Southeast Asian migrants are kidnapped and held captive on fishing boats for years at a time, and often their only escape is death at sea. Chronically unemployed women in Albania are recruited to be nannies in the households of rich Europeans but are surreptitiously trafficked against their will in the sex industry. Young boys and girls in Congo are initiated into the violence of civil war when they are illegally conscripted into armed militias. Even in my hometown of New Orleans, immigrant laborers were held captive and forced to work without pay in the reconstruction efforts after Hurricane Katrina. In the last two years, Uyghurs and Kazakhs have been increasingly compelled to make sports apparel and other cheap textiles and electronics bound for Western markets in extrajudicial internment camps in China in the northwestern region of Xinjiang. What defines these varied experiences as slavery is the largely inescapable forced labor that all of these people endure.

I have spent the past 15 years in India, Nigeria, Ghana, the United States, and the United Kingdom, collecting stories similar to the ones I recount here, as told by the people who have lived through slavery and fought for their freedom. The people I have met around the world describe the slave revolts and underground railroads of the twenty-first century—the real means by which people are insisting on their freedom and liberating one another from bondage using informal, sometimes necessarily secretive, grassroots, survivor-led strategies that have been crucial to every anti-slavery movement that has ever existed. These strategies challenge the very foundations of our deeply unequal economies and societies.

In almost every story of a successful escape or revolt, formerly enslaved people reveal that sustaining freedom is a challenge. An economy or industry that relies on slave labor is never quick to adopt fair wages. Slaveholders are not wont to regard formerly enslaved people as their equals. Anti-slavery activists are threatened and beaten and sometimes even killed for their efforts to change the systems that maintain slavery. And these self-emancipated people constantly live with the unshakable feeling that their own true freedom is inextricably bound to the emancipation of those still held in slavery.

This book tells the story of how one small group of impoverished, malnourished, and transgenerationally enslaved men and women fought to liberate themselves from their slaveholders, wrest control of the rock quarry in which they worked, found their own town called Azad Nagar, and become masters of their own fates. It also tells the story of the precarity of that hard-won freedom, as they fought to sustain their liberty without the tools necessary to run their own businesses, develop their town, or improve the opportunities available to their children. But not coincidentally or insignificantly, whispers and deflection suggested for years that there was something troubling about Azad Nagar's success. Was it too good to be true? It was not until townspeople had reached yet another breaking point that they were ready to tell the whole story of their struggle for freedom—including the murderous violence hitherto unmentioned in the global celebrations of their revolution—as well as the subsequent dissolution of it.

The stories of the Azad Nagar Revolt reveal how it is that slavery continues to exist in the twenty-first century, how the slow and possibly interminable dissolution of the caste system has led to a veritable class war in India, and how the global construction boom has contributed to the continued alienation of impoverished people around the world. The struggle for Azad Nagar tells us much about the radical social change necessary for sustainable freedom to exist for enslaved people and for us all—and about whether or not our hope for that complete revolution is realistic.

1

BOUND BY HISTORY AND DEBT

IT WAS ONLY A YEAR or two before he and his neighbors staged a slave revolt that Ramphal* even began to conceive of his own freedom—or his own enslavement.

Ramphal had never thought to question his family's relationship with the local landlord. His early memories were of his parents harvesting grain for a wealthy family

---

* People from Ramphal's community typically do not use last names. Ramphal's identity cards sometimes include his tribal designation, Kol, as his last name, a common practice. Some people intentionally shed their last names to obscure their caste or tribal status. Out of respect for these differences, I have chosen to use first names for everyone in the book after the first iteration of their names.

in the small town of Sonbarsa, in southern Uttar Pradesh, about three hours west of Varanasi. The landlord paid his parents a little more than a kilogram of rice per month. From that and whatever fruits or grains they could grow near their homes or gather from the forest, they fed themselves, their parents, and their five small children. For at least two hundred years, landlords in the region had taken advantage of the fact that families could not live on the pay they provided, so they also acted as moneylenders when predictable crises befell the families in their employ.

When Ramphal was just a toddler, his parents took out a small loan that amounted to just a few hundred rupees. Illiterate and innumerate, they nonetheless grew suspicious when the amount of their loan increased over time. The landlord explained that interest was compounding on the loan. One day, the landlord demanded that Ramphal's family cede the rights to their mudbrick, thatch-roofed house to repay him. Suddenly homeless, they were forced to borrow more money to construct a new house.

Ramphal was only a young adult when he first took out a loan. At the time, much of the work had moved from the fields into the rock quarries. While Ramphal worked off his debt breaking rocks, the landlord's adult sons studied at university, moved to big cities, started businesses, and ran for local office.

"Freedom of movement was something I didn't know existed,"[1] Ramphal told a documentarian in 2004. "And it was not just me. My mother, my father, my grandparents had to live through this generation after generation. It was deep in the psyche." Ramphal belonged to the Kol community, one of India's official indigenous "tribes" who are relegated to marginalized positions in the social hierarchy. The vast majority of the Kols in the village of Sonbarsa survived as laborers bonded by debts to a member of the Patel caste. The Patels form the backbone of the landholding and merchant middle class in Northern India today and are one of the castes designated as "other backward class" (OBC) in Uttar Pradesh.* Whereas Ramphal and his neighbors do not have last names on their identification cards, people of the Patel caste often have the last name Patel or Singh, indicating their standing

---

* Throughout the book, I will refer to people of the Kol tribe/caste as Kols and people of the Patel caste as Patels, because this antagonistic division has determined how people refer to one another in Shankargarh, where Sonbarsa is located. This is by no means meant to generalize about all people of either caste/tribe or to diminish the significant variety of experiences and privileges granted to any individual group of people, but to mark the differences that are significant to the revolt at the center of this story.

on the hierarchy, which K. S. Komireddi calls "the most oppressive apparatus of segregation ever devised by man."[2] Despite still being a "backward caste," lower than the Brahmin and Kshatriya castes that constitute the "forward castes," the Patel name marks them clearly as higher status[3] than the landless Kols who live and work among them. Loans allowed the Patel families in Sonbarsa to control the Kol workers' every movement. The laborers were denied an education, ate only one meal a day, and received no pay. They had no sense that there was any alternative for them.

Most bonded and other forced laborers will admit that they never realized they were enslaved because they took their subservience as a given, especially when it was inherited. As a result, they were also incapable of conceptualizing freedom. As Ramphal put it,

> It is like this. Landlords were so powerful before that if there was a road in front of their gates and someone wanted to pass by with a cycle, no one even dared to pass by their gates because they used to stop us and beat us up. If someone wanted to go somewhere, he or she couldn't go without their permission. They had that much power that we could not go or sit somewhere or meet anybody without their

permission, as we were their slaves. And this tradition continued for many years.

The case of Ramphal and his neighbors illustrates precisely how slaveholders maintain complete physical and psychological control over the labor, lives, and minds of impoverished people. Everything about their lives was controlled by the landlords—their access to food, water, money, clothes, homes; the safety and well-being of their children and of themselves; their ability to weather crises or emergencies. To walk away from a slaveholder would be to walk away from your family's only means of existence. That idea does not come easily, especially to those who have been subjugated for generations.

Unlike most of Ramphal's neighbors, Choti had known freedom before she came to work in the rock quarry. Choti is a tiny wisp of a woman, which is apt because her name means "small" in Hindi. Today, at age 35, her skin is prematurely wrinkled and her hands reveal deep crevices from years of breaking rocks and picking rice in the sun. When she was a young woman, Choti was free to choose employers who paid for her work. When it came time for her to marry, she asked a local landlord for a small loan to help her buy cloth and food for her guests. When she asked for her balance, the landlord told her it was double the original amount. He called it interest. The next time, it had increased again, from 5,000 to 10,000 rupees, and then to 20,000, and eventually to 30,000. There was no way for her to refute the amount, as she hadn't signed a receipt or a contract, and there was no way for her to pay except to go work for him at the rock quarry.

The landlord allowed her a small amount of grain each day, enough to keep her alive and working the next day, but she received no other pay for her work because it was supposedly all going toward repaying her debt. "We weren't given clothes; we weren't given food; we weren't given shelter," she said. "Every day, life was a struggle." Choti believed that going to the police would not matter: The landlords maintained close friendships with the authorities, and she had seen the police ignore complaints before. Running away would only put her family in danger. Borrowing more money was not an option: the banks would not allow it and a loan with exorbitant interest—sometimes even 70 percent—from another landlord would just leave her in bondage to someone new. Choti felt like so many others in her situation—that all of society worked against her regaining her freedom.

But like many enslaved people before Ramphal and Choti—and like so many enslaved people around the world throughout human history—there would come a time when they would revolt.

Ramphal and Choti currently live in what should probably be described as a micro-village, a tiny speck of barren land that they call Azad Nagar.

A search for Azad Nagar on a map will not bear any results. But satellite imagery will reveal that the place Ramphal and Choti call Azad Nagar is a small cluster of thatch-roofed homes situated on one of the most desolate tracts of land in the larger village of Sonbarsa, located in the poorest province in one of the poorest countries in the world.

The state of Uttar Pradesh (colloquially called UP) is home to the largest number of India's poor;[4] in fact, 8 percent of the world's poor live in UP. 60 percent of rural households lack electricity, and 42 percent lack running water in their homes. Lower-caste people in the region are relegated to the very lowest rung on all indicators of health, wealth, and happiness. UP is ranked the unhealthiest place to live in all of India, its citizens still dying needlessly from typhoid, tuberculosis, and even diarrhea. Malnutrition is worse in this state than anywhere else in the country. Though maternal and infant mortality are declining, Uttar Pradesh's rates are still among the highest in the country. There are fewer people working in professional, salaried jobs in UP than anywhere else in India. Female participation in the labor market has actually declined since 2005,[5] especially in rural areas. Though the cities are home to a strong middle class, the majority of people living in the rural areas of Uttar Pradesh are teetering on the very edge of survival. Even as the Indian government touts suspiciously high growth rates, the extraordinary poverty in UP leaves most rural villagers vulnerable to all manner of exploitation. They are desperate enough to embrace any opportunity, no matter how suspicious it might be, to better their families' situations.

It should come as no surprise, then, that Uttar Pradesh is also suspected to be home to the highest number of enslaved people in all of India,[6] which itself is the country with the highest estimated number of people enslaved in the world.

The abject poverty experienced by the workers in Sonbarsa is fairly typical of the people of the Kol tribe. Sometimes called the oldest tribe of India, the Kols are one of India's "scheduled tribes," an official category enshrined and protected in India's 1950 constitution. Since the 1940s, many of those who are dubbed "scheduled tribes" within the constitution have called themselves adivasis or "indigenous"[7] (adi means "original" and vasi means "dweller"), to indicate their standing as India's earliest inhabitants. Like many adivasis, Kols are impoverished and largely disenfranchised despite making up a near majority in many of the areas in which they live—a region that stretches across several states in Northern and Central India. Despite their relatively large population and their long history, they are almost entirely landless, and what little land the government may allow some few Kols to work is typically infertile and inhospitable. For generations, their systematic dispossession has provided the opportunity for higher-caste people in the region to enslave them.

The Kol people traditionally lived in the forests on the edges of major agricultural areas. They used the wood and fruits of the trees to build their homes and feed their families, and as a source of income. Their relationship to the forest is said to trace back to the days of the great Sanskrit epic the Ramayana[8]—perhaps 3,000 BCE. The Kols' existence as an independent, forest-dwelling, self-governing people began to disintegrate in the 1770s, when the British East India Company expanded its reach into the interior. The Company instituted indirect rule across Northern and Central India by appointing their own local officials (or rajas) who would govern newly established districts, adjudicate disputes, and collect revenues and taxes in the name of the Company. Land was assigned to these rajas, who then distributed it to their clients, rich

Brahmin, Muslim, and Sikh tradesmen who moved to the region to claim the most fertile lands and forests. This land redistribution scheme made the tradesmen and the rajas wealthy and returned significant revenue to the British. It simultaneously dispossessed the adivasi inhabitants of thousands of villages.

The Kols held no official land rights or deeds, nor did they have any representation, government, or officials ready to defend their rights. The new landholders, who did not speak the local Kol dialects, resorted to brute force to defend their claims. Kols who resisted were severely punished; many submitted to the reign of the raja and the outsiders. Disinherited of their traditional lands and the right to harvest wood and fruits from the forest, the Kols were compelled to turn to the wealthy leaseholders, who all too willingly provided them with loans at exorbitant interest. When they took out such a debt, the Kols sometimes signed a contract of *sewukpatta*, or "deed of slavery,"[9] through which they promised to the moneylenders their entire lives' labor in exchange for the loan. One Kol complained to a British agent that other unsuspecting Kols had been lured into debt contracts[10] in which they "sold their services till the debt was discharged, which was in fact binding themselves to give their whole earnings to their creditor, receiving from him food and clothing, or to work for him exclusively, thus becoming his bondsmen for life." Others were conscripted into service to the landlords without even having taken out a debt, but their petitions fell on the deaf ears of government officials who forbade forced labor—but did not hold landlords accountable[11] when they profited from it during cultivation and harvest seasons. When the Kols refused to pay the newly levied rents for the land that they had been expelled from, the landlords retaliated with violence and took more Kol hereditary land as retribution. Landlords exerted their power over the Kols in many ways: fines, captivity, torture, extortion, kidnapping, murder.[12] Many reports confirmed that landlords and moneylenders weaponized sexual assault[13] as a form of intimidation and vengeance.

Several British officials criticized the creation of the land lease system as incompatible with the local traditions and rights. They even argued that disenfranchising and enslaving the Kols would certainly lead to conflict. The landlords and governors of the British East India Company did not take heed.[14] Land theft, abuse, nonrepresentative taxation, rape, slavery—the Kols grew increasingly unwilling to submit to such violence against their community. Many of them moved to other regions, while others began to organize. Starting as early as the 1770s, intermittent violent protests against oppression began to break out in adivasi communities across Northern and Central India. Every few years between the 1770s and 1830s, the region saw a new uprising against unfair taxation, land grabs, and forced labor.

The peak of tribal resistance against oppressive governance was perhaps the Kol Insurrection of 1831–32. The insurrection began as a slow, deliberative process: The Kols began by approaching the government for redress of the wrongs they had suffered. When that failed, they held community meetings to discuss their options. Finally, they collectively decided upon violent action. In a government inquiry in the midst of the four-month rebellion, a Kol rebellion leader named Bindrai recounted[15] all the forms of injustice perpetrated upon the Kols by a diverse group of settlers and how that led to their decision to resist:

> We returned home, invited all the Kols our brethren and caste to assemble at the village Lankah in Tamar, where we had a consultation. The Pathans had taken our honour and the Singh our sisters and the Kuar, Harnath Sahi, had forcibly deprived us of our estate of twelve villages, which he had given to the Singh. Our lives we considered of no value, and being of one caste and brethren, it was agreed upon that we should commence to cut, plunder, murder, and eat … It is with this resolution that we have been murdering and plundering those who have deprived us of both honour and homes, conceiving that by committing

> such outrages, our grievances would come to light, and that if we had any master, notice would be taken of them and justice rendered.

The leaders of the rebellion used traditional forms of communication—including drum beating, passing a tree branch from village to village, and whispers between neighbors—to spread the message that communities should commit to the larger Kol cause.[16]

Between December 1831 and April 1832, thousands of Kol people rose up against the landlords and moneylenders who oppressed them. They took up the tools they had at their disposal—farming implements, bows and arrows, and torches—to brutally massacre moneylenders, leaseholders, government officials,[17] and anyone they perceived as having wronged them. They burned down the houses of the new settlers in an effort to push them out of the region. Government reports claim that over the course of this bloody four-month rebellion,[18] the Kols killed hundreds of settlers and burned more than a thousand homes. Despite the casualties, the British persisted undeterred; they had a much more significant arsenal and an organized army. They sent troops from as far away as Calcutta to quell the rebellion. The Kol rebellion was located primarily in the Chota-Nagpur region in what is now Jharkhand, but contemporaneous reports suggest that battles may have been fought as far north as the frontiers of the Kingdom of Oudh[19] and to the east in towns on the outskirts of Varanasi.

The colonial goal was the "permanent tranquillisation" of the region, and their efforts were directed at pacifying the Kols entirely.[20] The colonial administration considered the Kols' revolution a mutiny, their resistance to oppression treason. While the Kols' violent revolt allowed them the opportunity to communicate their distress, the backlash against them was harsh and complete in the years that followed. Despite repeated attempts across generations to regain their rights, the Kols lost all official claims to their land, and the leases to the territory they once considered their own remained the purview of the elite and the state. The majority of Kol people fell into transgenerational slavery.

Even a hundred years after their rebellion, not much had changed in terms of the economic conditions of the Kols. Anthropologist Walter G. Griffiths collected life narratives from Kol people in Jabalpur and Rewa districts (some of whom were raised only a little more than 50 miles from Sonbarsa) in the mid-1930s. Griffiths recorded the story of one man who took out a loan of 14 rupees for his wedding[21] from a person from the Thakur caste (also known as the Rajputs), and "ever since that day this Thakur has considered him as his serf, and he is supposed to go daily to him; and even though he has worked for the Thakur for the past 12 years he has not cleared the debt and does not believe that he ever will. He is virtually a slave of this man, is on call at any time, and must give him the first work until he no longer requires him." Griffiths interpreted it as slavery—the money given to the Kol farmers was not so much a loan "rather it is a gift," he wrote, "which cannot be paid back."[22]

India's independence from the British Empire in 1947 did not mean independence for the Kols. For them, it seemed merely a transfer of power from one oppressor (the British) to another (local governments and landholders). The 1950 Indian constitution, written in large part by B. R. Ambedkar, a leader among the scheduled castes, or dalits, abolished bonded labor but reverted all stolen tribal lands to the custody of the state instead of to the adivasis. The state in turn allowed the zamindars (landlords) to continue to cultivate plots. Ambedkar fought for the rights of those in the scheduled castes, but remained steadfast in his widely shared belief that those from the scheduled tribes remained in a "primitive uncivilized state"[23] that rendered them incapable of self-governance or self-representation. Writer Arundhati Roy commented, "In exchange for the right to vote, [the constitution] snatched away their right to livelihood and dignity." She said it "turned the entire tribal population into squatters on their own land."[24] As "squatters," adivasis were still subject to exorbitant rents, sharecropping schemes, and extortionate loans. Many fell right back into slavery, even as their country was gaining its own freedom.

After independence, each generation of adivasis petitioned the Indian government for a right to their traditional lands and for the abolition of forced and bonded labor. Each generation of politicians responded with impotent legislation that was meant to placate tribal complaints without actually restricting (much less punishing) land usurpation and slave labor. Uttar Pradesh passed the Zamindari Abolition and Land Reforms Act in 1951. Indira Gandhi's government passed the Bonded Labor System (Abolition) Act in 1976, and 40 years later, the federal government passed the Forest Rights Act. Together, these acts should have abolished the class of abusive zamindars, eradicated the feudal agricultural arrangements that had undergirded tribal oppression, restored lands to their traditional owners, and put an end to bonded labor. The explicit goal of the policies was to reverse the dispossession of the scheduled castes and tribes, but many suggest that it was all political maneuvering to secure votes of marginalized agrarians. A few tribal people did receive leases, but the zamindars protested that the laws violated their rights. Most of the Kol people who were granted land had it stolen by local landlords,[25] or found themselves leveraged to landlords who then took it away from them when they couldn't pay ever-increasing debts. Any land that Kol people did manage to hold onto[26] in the Sonbarsa region was eventually reappropriated by the Forest Department as part of their scheme to protect the Ranipur Wildlife Sanctuary—unsurprisingly built almost entirely on land that belonged to the Kols. Pardeshi, a neighbor of Ramphal's, stores away the documents that prove his father had been the beneficiary of one of these government land schemes. A short, balding Kol man who lost half of his right foot in a farming accident while working for the landlord family, Pardeshi is Azad Nagar's resident joker. He angers quickly, however, when he remembers how the Patel family stole the majority of his father's land. The landlord family has cut off the water that used to run to the little plot left to them so he cannot plant that land either. Pardeshi has been fighting to win his father's land back for years. No advocacy groups or courts have been able or willing to help him fight the well-connected landlords.

Every effort to give adivasis land rights challenges the deeply rooted power structures that protect and enrich OBC and upper-caste people in the region. The underlying systematic dispossession like that experienced by the Kols is what makes much of global slavery possible.

Poverty is neither inherent to any one community or caste or region of the world nor is it unavoidable—it is *created* through generations of policies, punishments, and pecuniary interests that require enslavement for the most marginalized to produce and sustain the wealth of the elite. And of the nation.

Whispers and gossip carried the inconceivable notion that the Kol inhabitants of Sonbarsa might be able to gain their liberty from the slaveholders—through the powers of inherent right, their country's constitution, and their day-to-day actions. The workers of Sonbarsa slowly concluded that they could no longer remain enslaved, just as the violence of the slaveholders suddenly rose to unprecedented levels. Following in the footsteps of their Kol ancestors, they decided they had to meet, organize, and fight back. But when that whisper of freedom was finally transformed into a battle cry, their lives took a turn for the much worse before getting better.

2

GOSSIP ORGANIZING

Uday Pratap Singh grew up in the small village of Baharpur, in western Uttar Pradesh, about two hours from New Delhi. His family were Kshatriya-caste farmers. Though they were from a "forward" caste, they were also extremely poor and only had rights to a small plot of land. Despite his family's consternation, Uday was more inclined to the arts and philosophy than farming. He spent some time acting in university, and was often cast as a cross-dressing trickster who was allowed by the king to roam freely through the palace, and even into his wives' chambers, where he got into comic mischief. Uday's friends aptly nicknamed him after this character—Kanchuki—and he wears it as a badge of honor, even today.

It was in university that Kanchuki found an outlet for his growing frustration with inequality and caste. He believed India was changing—people were becoming more consumeristic, objects were becoming disposable, garbage was increasingly littering the narrow streets, farmers were losing their livelihoods, and the scheduled castes and tribes were bearing the brunt of this deterioration. A professor introduced him to the work of Jayaprakash Narayan, whose anti-caste and anti-corruption campaigns had come to be known as the "JP Movement." Narayan was a socialist, an independence movement fighter, and a labor union organizer. He declared that what India still needed, nearly 30 years after independence, was a "total revolution," substantive change for the poor that was only possible through a complete transformation not only of government and policy, but also of communities, society, and individuals. He explicitly called for the integration of dalits and adivasis into the mainstream of society,[1] which would be brought about by high-caste people providing service to the oppressed classes, instead of the other way around.

The JP Movement rallied students to lead that revolution, and Kanchuki led songs and performed skits at rallies. After graduation, he worked for several organizations dedicated to poverty alleviation and education, before landing a job with a nonprofit called

Sankalp, which was founded in 1994 by OBC and upper-caste activists who thought the future prosperity of the nation depended on securing children's rights and lifting rural laborers out of deeply entrenched poverty. Sankalp's inexperienced university students, journalists, and activists had a unique, if somewhat simple, approach. They would not rely on their own lofty ideas; they would only act after asking the affected people themselves what they needed and how they thought they could best achieve it.

Kanchuki's mysterious nickname allowed him to travel to the poorest rural areas without arousing the suspicion that his last name—Singh—would inspire in the bonded laborers who would recognize him as coming from a forward caste. Like the trickster figure he played all those years back, he was able to convince the Patel families that he meant no harm while avoiding the guardedness of the workers. As an organizer, Kanchuki was unorthodox; he operated through what we might call "gossip organizing." He tended to hold meetings in the middle of the night, when he could talk to laborers unmonitored by landlords or overseers. He moved from hut to hut between micro-villages and lived among the adivasis, ate only the dry chapatis that they ate, stayed up late into the night talking to them, and slept next to them on threadbare mats. While living among the Kol people in

Shankargarh block, where Sonbarsa is located, he realized that he was witnessing slavery.

In 1998, Sankalp invited respected criminal defense attorney Amar Saran, who was then a member of the District Administrator's Bonded Labour Vigilance Committee, to visit Shankargarh. Amar lived about an hour away, in the city of Allahabad. The Allahabad district included Shankargarh block, where a Sankalp representative said that nearly every person in some villages was bonded.[2] Amar was admittedly quite skeptical. But he couldn't deny what he was seeing during his visit. He met a man named Raj Karan who had pursued legal action against a landlord[3] who had arbitrarily multiplied the amount of his loan by 250 percent. The landlord threatened to render Raj Karan "a dead body" if he persisted in trying to escape. Amar met another man who, after a "minor quarrel" with a slaveholder, rushed home to lock his daughter inside the house[4] to prevent her from being assaulted when the landlord inevitably retaliated.

Amar realized adivasi enslavement was nearly ubiquitous across the region.[5] He immediately began to lay out a legal route to freedom for the Kol people. He conducted a formal survey of the bonded laborers he met. The final question was, "What do you think is the ultimate solution to your problems?" The Kols' answer: *land*.

The adivasi community knew that they were impoverished because they were working the land for their landlords. As Choti put it, "We are the ones who are cutting the stones,[6] we are the ones loading the lorries, working in the house every single day, and not getting any assistance or any monetary benefit from it." The Kols decided that a rock quarry of their own was their only viable route to freedom. They wanted to take back the means of production, as Karl Marx would put it.

Amar and Kanchuki, both in their 40s when they started working with the people of Shankargarh, began working as allies to the Kols on different frequencies. Amar lobbied government officials and Kanchuki continued to gossip organize with the laborers late into the night. Between them—a handful of organizers, a couple of government administrators, and thousands of Kols across Shankargarh—a cross-sector, cross-caste, adivasi-driven coalition began to take shape.

Amar at first decided that the Kols' best chance would be to make a direct appeal to the raja of Shankargarh,[7] who held a veritable fiefdom over the region. Before independence, the raja's family had been royalty and the inhabitants of the region their subjects. After independence in 1947, in an attempt to placate the wealthiest families in the country, the Indian government gave the rajas either land or a monthly allowance. The raja of Shankargarh chose land, and he received 150 square kilometers in perpetuity—46 villages, including the one where Ramphal would be born 30 years later. The raja's family informally sublet this land to elite landowners of the Patel caste; in return, they gave the raja a share of their profits.

Amar thought that the raja would not abide by the slavery that was the source of those profits. He and Sankalp called a meeting at which the raja and three of the local landlords could hear the grievances of the Kol people. Five hundred laborers attended. Their testimonies were powerful. Some of them had been working to pay off their debts for 20 or 30 years. Some were paying off the debts of their long-dead parents. Blind and even terminally ill people worked in the quarries, as did children as young as eight. Many had died of work-related injuries and illnesses. The raja seemed moved by the Kols' testimonies, and he promised that he would provide them with mining leases and would mediate disputes between the workers and the landlords. It was soon clear that the raja had no real plan to do any of that. He wanted to make money, which he managed to do quite well through his Patel landlords.

When the Patel families heard about the meeting, Kanchuki could sense emotions heating up on both sides, and he feared violent reprisals. So he helped Kol villagers develop vigilance committees to patrol the villages and ensure that the landlords did not harm the workers, especially the women. One landlord approached him and offered to pay him more than he was making at Sankalp just to allow a few landlords to attend his organizing meetings. Kanchuki refused, telling him, "My motivation is not food—it's helping the people." He was thereafter considered one of the most dangerous men in the region, and he began receiving death threats.

Amar decided he needed to approach the Allahabad district magistrate,[8] who did not initially believe that bonded labor still existed in Allahabad district. But he agreed to stage a coordinated raid to catch the contractors by surprise—and, of course, they discovered that the landlords were indeed employing forced labor. They left Shankargarh with the distinct impression that the only solution to the bonded labor problem would be to allocate land to the Kols. Amar reported that he had been touched by the "human heart of the bureaucracy."

The magistrate's office identified a 60-bigha (24-acre) plot near Bargarhi where a small group of Kol workers could have leases. These government properties would allow them to collect taxes and royalties—funds that years of corruption and fealty had rendered practically uncollectable from the raja.

Unfortunately, the allocations were not free of charge. The initial lease cost was 14,000 rupees. Nobody had that kind of money. When lucky, workers might save a hundred rupees here or there. But Kanchuki knew that, together, they could manage to save more. He organized groups where eight or ten families could save their money collectively. The Kol people began to sell their animals, bicycles, costume jewelry, and anything else they had. The families of one village collectively saved 10,000 rupees. Sankalp arranged for documented loans from banks—not from local moneylenders or landlords—to help with the rest. When the government allocated leases to five other village collectives, they all had the savings ready for their transition to freedom.

The landlords retaliated. According to the Kols of Sonbarsa, if a group of Kols refused to work on the Patel lands, the landlords would prohibit them from crossing their land to get to the market, to schools, and to their own mines. One group was told they could no longer fish in the community pond or collect water. When Kols wanted to hold meetings, the landlords refused to let them gather and threatened to kill the workers if they did. But freed Kols crossed the land in large groups to make it impossible for the landlords' hired muscle to stop them. They went down to the pond and collected water for their small kitchen gardens. They marched hundreds strong to their meetings to avoid being stopped on the road.

However, the Kol resistance was not always successful. Many of the communities that petitioned for land but had not yet acquired leases were excluded from work by the landlords, and therefore, lost even the bits of grain they collected each week. They were literally starving, but when one village was cut off from work and rations, another gave them refuge.

Amar saw the changes in the miners' lives immediately. The workers were exceedingly productive in their own quarries, and people who had previously only been paid enough grain to survive to the next day were making enough to send their children to school. Amar informed the Department of Labor that within five months, the six freed Kol villages with leases contributed 150,000 rupees in royalties to the government—the raja had not paid that much in the entire 50 years he held the 150 square kilometers of Shankargarh block as his own personal fiefdom.

Encouraged by this victory, Amar began a prolific letter writing campaign, chronicling everything that was happening in the freed Shankargarh villages, as well as in those that remained unfree. He addressed his letters—a nearly 1,300-page archive that he studiously printed and filed even after he switched over to a new email account in early 2000—to small nonprofits and federal government ministers alike. He corresponded with colleagues at the United Nations and with international antislavery organizations. He was a megaphone for the Kols' concerns that reached all over the world. "What is increasingly becoming clear is that the people who gave statements of bondedness to me … are only the tip of the iceberg," he wrote.

Kanchuki doesn't have his own Azad Nagar archive, but his extraordinary memory of the period aligns almost perfectly with what Amar recorded. While Amar was amplifying the news of the successes of the laborers in an effort to extend these leases to other communities, anxieties on the ground heated up. Kanchuki reminded the people in Shankargarh that they had rights. Together they devised plans to subvert the power of the landlords, whom they wildly outnumbered.

With no assistance from the raja or the police, the workers planned to stage a "hullabol."[9] This word is sometimes translated as "raising our voices" or "attacking with our voices," and in UP, it has come to designate a nonviolent protest, rally, or strike. Kols across Shankargarh committed to halting their work in the landlords' mines and to replace incomes by illegally mining the rocks from the raja's land for their own profit. Their demands: fair rates for the plots of land they requested from both the government and the raja and an end to a newly created auction system that priced them out of more leases.

The hullabol was a revolutionary grassroots strategy. Savvy organizers like Amar assisted them in appealing to a broader human rights community by scheduling the strike for December 10, International Human Rights Day. Like their rebellious ancestors, however, the worker-organizers used their skills at gossip organizing to spread the word quietly among themselves. They also held a press conference with the help of Sankalp and Amar to alert the media and to gain the backing of the Indian public. The media seemed to sympathize with the workers,[10] headlining their stories with pleas for compassion for the "Kol tribals' tale of woes" and their "pitiable conditions."

On the day of the Kol hullabol, police surrounded the protest sites, armed as if ready for an insurrection. To everyone's surprise, government administrators made an effort to placate the protestors. The government promised that Kol claims would be heard and there would be raids to ensure that there was no forced or child labor in the quarries. They promised to negotiate fair leasing terms for the laborers of the region. The workers called off the strike, cautiously optimistic that the government might intervene.

These newly mobilized activists gave the government four days to make good on their promises.[11]

When the Kol activists still had not received any redress a few months later, despite numerous negotiations and demonstrations, they began to plot an even larger hullabol: a meeting that would decisively determine the fate of this small community and make a mark on the history of abolitionist activism.

The mounting tensions in Shankargarh represented merely a local outbreak of an epidemic of repression that was plaguing the region. Increasing dispossession, unequal economic constriction, work-based illnesses, and persistent physical and sexual abuse led to a greater responsiveness among adivasi workers to the rights-whisperers. In some regions, armed adivasi militias grew up in response to violent government incursions.[12] But when landless bonded laborers became empowered to articulate and demand their own rights, landholders typically responded by tightening their grip on the significant power they held. They saw worker empowerment and protest as a threat, and they often responded with furious violence. When Austin Choi-Fitzpatrick interviewed slaveholders in UP in the 2010s, he "did not find a single employer willing to speak freely[13] about the force, threats, and violence that are used to coerce laborers." He found, nonetheless, that "the stories of survivors of slavery are replete with instances of both repression and countermobilization [on the part of slaveholders] at the moment when it became clear a community [of laborers] was on the verge of securing additional benefits that would undermine existing power dynamics ... What their experience demonstrates unequivocally is that when targeted, perpetrators long accustomed to power and control are likely to take action in order to protect their investment, their dignity or both." Landholders across UP, referred to here by Choi-Fitzpatrick as "perpetrators" though they are rarely if ever treated that way by the law, did not stand idly by as enslaved workers claimed their rights. They retaliated, with even greater brutality than they had previously used to maintain slavery when merely a reminder of a debt or a mention of their caste status was often enough to keep workers from expecting too much from their employers or from their lives.

Sexual assault is a particularly potent tool of repression used against marginalized women in India. Organizers who worked with bonded laborers across UP recount that they witnessed a disturbing increase in rapes against scheduled caste and scheduled tribe women after the Dalit Chief Minister Mayawati and her party left office, but sexual assault had been instrumentalized as a tool of repression and a sign of indisputable power in the decades preceding Mayawati's rise to power as well. As Arundhati Roy suggests of the economy of trans-caste sexuality, "Men of privileged castes had undisputed rights over the bodies of Untouchable women. Love is polluting. Rape is pure."[14] That is to say, while it may seem that having sex with someone entirely outside the caste system would be taboo, rape was seen as a weapon that could be wielded with impunity, perhaps even as a sign of one's righteousness.

This violence inspired retaliation from the workers. In one village, when the commitment to taking back their lands from the slaveholder gained momentum, a group of men simply hopped on the landholder's tractor and plowed over his unharvested fields. They brought big sticks with them for at least some modicum of self-protection because they knew they would be beaten for defying the slaveholders. Rampal Yadav, the leader of Sankalp, unapologetically admitted to me that he carried a gun with him at all times, knowing that it was likely the only way he could approach an equal footing with the armed landlords of Shankargarh.

News of freedom in neighboring villages traveled across the Shankargarh block quite quickly. Sankalp organizers like

Kanchuki used gossip to move the villagers to action. They approached Ramphal out in the rock quarries, asking if he'd heard what had happened, how the workers had broken free of bondage. They sent in female organizers to talk with Choti and her friends about children's health, mentioning in asides how the free children now attended school. They hinted that if the people of Sonbarsa only believed that they had the same rights as these freeminers, they would organize and fight back. The organizers whispered a word that made the workers jittery with equal measures of anxiety and anticipation: *kraanti*—revolution. As Rampal Yadav, put it, "It was completely non-violent as they moved slowly and steadily to getting what was right for them." The people of Sonbarsa would not need to violently overthrow their slaveholders[15] as their Kol ancestors did in the 1830s. They could simply take back the means of production through land leases, and their freedom would be secured. It would be a "silent revolution."

Ramphal and his neighbors were not immediately ready to commit to a revolution. But even their hesitant conversations led to intimidation and retaliation. As the Kol community members tell it, when a few women gathered under a tree to gossip or to discuss forming a self-help group, Patel men rolled up on motorcycles and asked them who they thought they were, "holding meetings like important people." Another time they got off their motorcycles and slapped the women around. One time the villagers planned a visit from some young female Sankalp organizers, but they had to cancel the meeting when a rumor warned that the Patels planned to kidnap and possibly rape them. Apparently, the Patels also knew how to use gossip to their advantage.

As Choti remembered and many of her neighbors and other community organizers corroborated, one particularly brutal slaveholder, Virendra Pal Singh, was ferociously violent, and arbitrarily so. Singh was a member of the Patel landlord family, and Ramphal passingly called him "the chief of the slave owners." Choti recalled that one time she refused to work, and he dragged her by the hair and forced her to break rocks for him. Later, he threatened to lock her in her house and burn it down. She believed him because she'd seen him do it before. He had followed a little girl named Mantua when she was walking home from the fields one evening. People said that he tried to rape her, as he had done to other women in the village, but when Mantua fought back, he set fire to the house where she hid, killing her. Community organizers' notes and recollections of the time refer to the situation as among the worst they had ever seen. Amar Saran's letters pleading for help for the Kol community often mention this brutality.

Atrocities against adivasis are well documented.[16] Between 2001 and 2014, adivasis reported a yearly average of over 700 cases of physical assault, nearly 650 cases of rape, and around 150 murders. And these figures only represent the reported cases; adivasis are significantly less likely to call the police—even in cases of murder—when the crime has been committed by someone of a higher caste. In that same period, courts left 80 percent of violent crimes against adivasis[17] unadjudicated[18] each year.

In the safety of their homes at night, however, Kanchuki inspired the workers, telling them they were beautiful pigeons, and the Patels were bird hunters who would keep them trapped in their nets so long as the workers didn't stand on their legs and fly to freedom. If the Kols knew their rights, the hunters could not keep them captive.

From his office in Allahabad, Amar worried that what was taking shape looked hauntingly like the antagonisms that led to the state's massacre of students in Bihar when he was a student. He wrote to administrators and international organizations that Shankargarh district was a "tinder box," and it would only take a small spark to ignite it.

Azad Nagar resident Ramsaki remembered the tensions mounting, but she had a slightly different recollection about what finally instigated the revolt. They were tired of being abused by the landlords, she explained with a sly smile on her face, but to her mind, they only truly recognized that they were going to have to rebel "when that landlord hit Kanchuki."

3

THE FIGHT FOR AZAD NAGAR

On the morning of June 1, 2000, thousands of adivasi miners and farmers, wizened by the sun and thin as cranes from malnutrition, hurried in long strides across a checkerboard of saturated rice paddies and parched rock quarries. They all made their way toward the sacred Ramgarh temple, a local shrine to Lord Shiva, one of the most powerful gods in the Hindu pantheon, who is empowered to destroy the universe in order to re-create it—an apt metaphor for the coming revolution in Shankargarh. Some of them carried children, some of them still lugged their mining tools. Many of them came bearing a bit of food to contribute to the potluck.

Ramphal and others had planned and anticipated this hullabol for weeks. Encouraged by the handful of leases awarded around the region, they had tried appealing to the raja; they had requested more quarries from the ministry of mining; they had marched to the state legislative assembly to demand their rights; and most recently, they had petitioned for the end of the auction system that awarded leases to the highest bidder. But they still had not secured a commitment that the government would allocate additional leases. Worse, the violence of the landlords was ratcheting up the more the workers demanded their rights and received wider attention and public sympathy.

Just a few days before, Kanchuki had been out doing his rounds of the villages, encouraging participation in the big meeting, when Virendra Pal Singh stopped and threatened him. He demanded, "Who will work in my field, who will break my stones, if you convince them they should be free?" According to community lore, Virendra Pal punched Kanchuki in the face, in front of some of Kanchuki's greatest admirers, the Kol workers of Sonbarsa. It took only a few hours for the murmured news to reach the whole of Sonbarsa. It was one thing for Virendra Pal and his cousins to beat and rape and even kill the Kols—they'd long been accustomed to that—but they could not stand by as he abused this kind and gentle man whose only mistake seemed to be lifting up the spirits and voices of the Kols. Virendra Pal, who had seemed invincible just moments before, had to be punished.

Reports vary, but at least 500 and perhaps as many as 5,000 adivasi laborers and their families gathered in an open field outside the Ramgarh temple, next to a statue of the monkey god Hanuman, the divine protector of devotees, the guarantor of strength and victory.

The hullabol began as they often did, with music. Kanchuki led the crowd of exhausted laborers in protest songs. Hundreds of people chanted in unison: "No more exploitation; no more torture. We now unite to fight; we now unite to be free."

Discussion of the new leases that had been granted to a handful of communities took top billing. The people of Bargarhi village explained how they forged connections with rock buyers, how they had negotiated their own prices for their rocks in the market, how they were making more money than they'd ever seen in their lives. Managing even a small rock quarry required an extraordinary amount of work, but the somewhat daunting freedom to make all of one's own decisions was a burden they were willing to bear.

Small groups chatted in hundreds of side conversations, committing to collectively save funds to establish their own quarries.

The organizers had presented a new plan of action. With an election approaching, the Kol people of Sonbarsa thought they could use the democratic process itself as a route to freedom. Someone explained the concept of a voting bloc.[1] Kols accounted for nearly 40 percent of the population of Sonbarsa, so they presented a potentially formidable force in local elections. Ramphal and others decided that if they all cast their votes for the same candidate and did not allow their loyalties to be divided, the Kols could potentially select the next *gram pradhan*,[2] or village head, perhaps even from among their own community. In Sonbarsa, the pradhan had always been a landlord. Ramphal remembers that the pradhan at the time was vindictive and often sent his associates to threaten the workers.

Because the pradhan lives among the people who elect him, he sees his constituents all the time; they know him by first name. Today, many people have their pradhan's phone numbers saved on their cell phones and call the pradhan directly in times of crisis, whether it's to report that a river has overtaken its banks or that a community member has died. It is a system that promises unusually direct democratic representation. Though many may fear such an engagement with a man so powerful (and we are talking largely about men here; despite the fact that a third of the pradhan seats are reserved for women, women often run as a proxy for their husbands), this hyper-visibility does in some ways keep local leaders in check. The pradhan is often elected because he has been anointed by the richest, most powerful people in the village, who then expect favors for having influenced the vote and for keeping the pradhan in power. The pradhan holds significant control over the distribution of government entitlements, especially before the institution of direct deposit banking accounts emerged in the last few years. A common complaint among the poorest villagers is that those resources are typically siphoned off by cronies of the pradhan. Thus, there is both significant reason to court a pradhan's favor and significant risk if you lose it[3] (or have no chance at securing it). With all these complicated political maneuverings dominating local governance, adivasis typically feel disenfranchised.

At the rally, the Kol people identified a possible candidate named Kashi, who had a modicum of education and had traveled outside of the village. Ramphal, Matiyaari, Choti, Sumara, and many of the Kols gathered in Ramgarh believed that they could trust Kashi to elevate their interests and lead their fight for rights and land through official channels.

Cheers and applause erupted after speeches. Sometimes the attendees broke into rousing protest songs. When the meeting came to a close, they felt a little bit taller, a little more equipped to face the next day. They didn't want it all to end so soon, so many of them remained at the temple to enjoy some food and companionship. Kanchuki warned them that there could be reprisals from the landlords, but the workers, buoyed by the rally, told him he should return home to avoid any trouble, but they wanted to extend the joyful gathering as long as they could.

As the Kol men stayed behind to chat and clean up, the women headed in separate directions toward their homes. Suddenly, eight men on motorcycles blocked the women's path. The women had seen the bikers lingering for most of the afternoon. They had loomed menacingly on the edge of the crowd, eating mangoes pulled from the trees that surround the temple and shouting epithets at anyone who would listen. As the women made their way toward the path home, they saw Virendra Pal attack a beedi seller and toss his tiny cigarettes into the dust.

The women tried to push past the bikers, but according to testimonies told to the police, reporters, and Amar at the time, the bikers began hitting the women, and even tried to run them over with their motorcycles. Virendra Pal shot a gun into the air. The men at Ramgarh heard the shots and came running, and fought with anything they could find at hand. There were as many as 50 Kols and only eight Patels. As news reporters would later announce, several of the Patel men were injured, and one died in the clash. It was Virendra Pal.

Sumara remembers that it occurred to everyone that they needed to hurry to the police station. The adivasi protestors knew that they were in a race with the landlord families to determine the narrative of the battle. There was not much hope that they could beat their opponents to the station; the landlords had cars and motorbikes while the Kols were on foot. By the time the Kol people arrived, the Patels had already filed a report, saying that they had overheard the Kols cursing at them throughout the hullabol. They identified Ramphal, Pardeshi, Matiyaari, Nanku, Shomeshar, Lala, Ranjit, and—not insignificantly—candidate Kashi as responsible for the melee. They claimed that Matiyaari had confronted them and encouraged his friends to beat them. The Kols were surprised by these accusations. They had been the victims of the violence—that day and for years, even generations, before.

The eight men were booked and transferred to a nearby jail. The women wept, insisting that they, too, should be arrested and held just as responsible as any of the men, but the police ignored their pleas. As Kevin Bales would later explain it in his book *Ending Slavery*, “scapegoats had to be found”;[4] the men stood falsely accused. The blotter for that day indicates that police charged the men with unlawful assembly,[5] rioting, rioting with a deadly weapon, intimidation, insults that breach the peace, voluntarily causing harm, attempted murder, and murder. The Patels were not charged.

News of the deadly clash spread quickly. Pardeshi’s wife, Nirmala, recounted that she had stayed back to care for the small children in Sonbarsa while everyone else trekked several miles to Ramgarh. Late that afternoon, she was taken by surprise when, instead of seeing people meander back into the village engrossed in debate, she saw women running and screaming. They didn’t waste time telling the whole story; they just told her to pack up and run.

Pardeshi’s six-year-old nephew, Santos, overheard the panic in the women’s voices. He bolted for the woods, alone. Now in his early 20s, he still remembers spending the night hiding in the woods, wondering if he would be murdered by the Patel men.

Terrified of retribution, the families of the arrested men and most of their neighbors made a hasty escape in the middle of the night to nearby villages. Choti, whose husband was in custody, rushed to leave her seven-day-old baby with her mother-in-law; she and her other small children then ran five miles to a relative's house. She was only able to furtively return to feed her newborn three days later. The baby was not the only one starving. The relatives who took in the Sonbarsa exiles could no more afford to take on additional family members than any other of the enslaved laborers in the region, but Choti had nowhere else to go, and in those harrowing times, the Kol people took care of one another.

A few days later, some villagers made their way back to Sonbarsa. They found that their tiny hamlet of mud huts had been burned to the ground. Every single item they owned had been looted or torched, including whatever grain they had stored up.

Amar went to the village a few days later, and spent the next several months calling in favors to help the villagers. He used the media to do what he could to challenge the narrative that anyone but the brutal slaveholders were to blame for the crisis in Shankargarh. He appealed to Free the Slaves, an international anti-slavery organization based in Washington, DC, for their intervention. They sent funds to support the affected families, but there was little they could do to influence the small-town politics in a case of inter-caste conflict.

Kanchuki, himself a suspect even though he wasn't present during the brawl, traveled across the region checking in on the scattered villagers, ensuring that they had something to eat and that their children were taken care of. The circumstances were dire. The families had no grain left and lived on the brink of collapse. Choti's newborn son, who she remembers was no bigger than her forearm, died in the months after, likely due to malnutrition. Kanchuki was mysteriously fired from his job at Sankalp. What was supposed to be a silent revolution had turned into a catastrophe.

After months of seemingly futile legal battles, Amar and Sankalp were finally allowed to put up bail money to secure the release of the men, who had been strategizing together in jail. They knew they could not return to the service of the Patels, and decided they must get their own lease. They identified a spit of land that was only a short walk away from the compound of their former enslavers, and they began mining illegally while they petitioned for an official lease. The land they took up was government "no man's land," which was unleased and unused because it was essentially worthless. The court eventually granted a lease to a collective of 27 community members, which counted in its number all of the families of the jailed men.

The Kol families presented Sankalp with their entire savings—7,000 rupees, which they had saved 50 rupees at a time. The lease was going to cost 40,000 rupees, but Free the Slaves assisted with a small grant. Sankalp secured a bank loan for the remainder, supported by the data regarding the enormous profit the other leases had been making over the last year.

To reach the tiny plot of land the Kol families adopted as their own, you first have to pass through the "swords of golden rain," those picturesque fertile rice fields that give Sonbarsa its name and that explain why this region is often called "the rice bowl" of Uttar Pradesh. Fly high above the ground, and you'll see the green and gold fields of grain gleam in stark contrast against the flat, barren palettes of grays and browns that dominate a landscape that is 75 percent unfit for cultivation.[6] Right on the edge of the transition from green to gray, but decidedly on the ashen side, is where the exiled laborers chose to plant their new community. It was not exactly a safe distance from the violent slaveholders. Their new settlement, unconnected to the rest of their world by a road or a path, was nonetheless no more than two kilometers from the homes of the landlords. But it was a place that was undesirable enough that the landlords would not raise too many complaints. There, the Kol people could build their tiny mud huts, mine the rocks that lay right behind their homes, and determine their own fates.

The quarry lease represented a new lease on life. The workers still performed the excruciatingly difficult work of breaking rocks, but their children began attending a small community school—instead of working in the quarries. When Choti fell ill that year, she stayed home and recovered—instead of working in the quarries. Ramphal and Matiyaari sold their rocks for a fair price that they negotiated in the market. They split the income equally among all of the workers and were able to begin saving. Sumara gathered the women into a self-help group that provided them emotional support and collective savings. The villagers immediately began planting trees, in the hopes of rejuvenating the barren land they had acquired, hoping to return to their traditional forest trades.

The families convened a community meeting to determine the name they would give to their micro-village. Pardeshi suggested Hullabol. Even today, if you want to find Pardeshi's house, you should ask small children to point you in the direction of Hullabol, which must serve as a regular reminder to both the Kols and the Patels who live in that area of the time in June of 2000 when these families "raised their voices" and forever changed their futures. But another name was introduced, and it was this one that resonated with activists and organizers both in

Uttar Pradesh and internationally: Azad Nagar. Land of the Free. Azad Nagar.

The subtle difference between those two monikers—one attentive to revolution and the other to liberation—represented a significant dissonance between the public memory of the Azad Nagar Revolt and the memory quietly kept in the minds of the new villagers. I would only learn how important that difference was years later when I went to ask to the villagers how freedom was suiting them.

4

PRECARIOUS FREEDOM

For years, I taught my students about this remarkable twenty-first-century slave revolt. I emphasized that despite the justifiable fear that global slavery is an intractable problem that is likely inherent to human relations, it was sometimes possible for people in transgenerational slavery to slowly develop a concept of freedom and to devise their own strategies for claiming it. And while the popular imagination of revolts may conjure something more urgent and cinematic, freedom can be won unexpectedly, deliberately, and subtly. The story of the Ramgarh meeting helped students to see how the unity of even the most impoverished and marginalized people could prove to be a mighty weapon in democratic societies. The tireless commitment of Kanchuki, Amar, Sankalp, and Free the Slaves revealed how people who are not enslaved can engage in committed cross-caste and cross-cultural collaboration. The narratives of the individuals involved in the revolt, such as Ramphal and Choti, allowed students to empathize with people whose experiences seemed otherwise unidentifiable. I even published the narratives of the Azad Nagar freedom fighters in a book for use in classrooms, so that students around the world might have a chance to learn about the potential for successful anti-slavery struggles. I genuinely believed that the Azad Nagar Revolt represented a collective, grassroots, survivor-led, but also collaborative, cross-class/caste, international model for that "total revolution" that JP Narayan had envisioned.

So, by the time I went to visit Azad Nagar in 2014, I felt I had a pretty good handle on its history and the radical implications of the revolt that led to its founding. I had no idea how much I still had to learn.

That summer, I arrived in Allahabad and met Sunit Singh, a professor of sociology at the G. B. Pant Social Science Institute and an old Sankalp hand, at the headquarters of his organization, Pragati Gramodyog Evam Samaj Kalyan Sansthan (PGS), which means Village Industries and Social Welfare Progress Institute. PGS was founded as a rural development and human rights organization, grounded in many of the same philosophies as Sankalp. When Sankalp folded several years after the Azad Nagar Revolt, Sunit and PGS took on their anti-slavery projects and picked up assignments in many of the communities with whom Sankalp had been collaborating.

Sunit explained PGS's motto, "Freedom from the fear of freedom," by asking us what we would do if we encountered someone trapped in a hole. We might throw a ladder into the hole, donate money to help fill all the holes, or assume the person got herself into the hole and can or should find her own way out. In Sunit's formulation, privileged people in society are collectively responsible for the existence of the hole and, thus, responsible for helping people out of it. He believed in throwing down a ladder. His experience working with the most marginalized in Indian society had taught him, however, that many people still would not climb out of the hole, even after a ladder was presented to them. Some didn't believe they lived in a hole; some could not imagine that the ladder could hold their weight; others lived in fear of what they would encounter outside the hole.

They needed to be free of the fear of freedom.

Sunit argued that the ladder would only actually hold the weight of the oppressed when they believed in their own right to climb the ladder. This was the difference between PGS's rights-based model and the rescue model that is typical of much anti-slavery work. In the rescue model, upper-caste people dropped down a ladder and carried the enslaved people out of the hole, and then they often left them teetering at the edge. Sometimes people fell back in. PGS focused as much on psychological freedom as economic and social freedoms, to make sure that freedom was sustainable.

I wanted to head out to Sonbarsa so I could see for myself how the model worked, and Sunit promised that PGS field coordinator Subedar Singh and a translator would take me. Subedar had already spent two days taking me to PGS partner villages that were not Azad Nagar, for reasons I could not divine. Confused and admittedly a bit angry, I reminded Subedar that I was impatient to get to Sonbarsa to talk to Ramphal and Choti. I needed to see the village they had built and named "freedom."

Subedar picked me up at 8:00 a.m. the next morning, and we drove through the Allahabad countryside for what seemed like several hours. It was a mid-July morning, and even in the air-conditioned car, the heat seemed to seep in through the seams of the doors. The cement three-story shop buildings quickly turned to lush farmland as we departed Allahabad. As we eased out of the city, men on bicycles plied the streets heading toward the local gathering spot for rural day laborers, each of them hoping to earn the 246 rupees minimum wage for a day of strenuous manual labor on construction sites in the city, significantly more than a day's work paid in rural agriculture (when it paid at all). Women carrying rice seedlings on their heads walked to enormous flooded fields to plant the next season's harvest. Checker-shirted boys and girls with their hair still perfectly smoothed walked in pairs on their way to school. When our SUV arrived at another dusty patch of rocky ground in the midst of green fields, and Subedar triumphantly announced "Sonbarsa!" with a sweeping gesture, I wasn't ready to trust him.

We walked down a single narrow dirt path spotted with maybe eight low thatch-roofed dwellings. Waist-height mud walls surrounded small, well-swept yards, the entrances blocked with gates made of reeds. Each yard was home to its own shade tree, underneath which chairs and charpais had been placed. Wiry chickens pecked at the dust. A goat bleated in the distance. We wandered all the way to the end of the street.

Absolutely no one was home.

Subedar threw up his hands and declared that everyone must be out shopping; it was Shankargarh's major market day. Seemingly defeated, he was ready to head back to Allahabad.

We had driven for about 45 minutes to get there, and I wasn't turning back so easily. I told him I was willing to wait all day if necessary to meet Ramphal. Subedar relented, leading me off the small path across a rocky plain, toward a slim band of shade under the tin roof of a brick cow shed, where we waited in the heat.

Soon, three colorfully clad women appeared on the horizon. They had on a lot of jewelry—tin nose rings, bangles, and earrings. Many adivasi women wear sparkling jewelry every day, sometimes in defiance of upper-caste people who think it is presumptuous of them to display anything of value. One woman introduced herself as Sumara. I must have looked surprised when she said her name, because she started to laugh loudly, which I soon learned she did often. The truth was that I finally believed that I was in fact in Azad Nagar. I had my translator ask to be sure. She said that, yes, this was Azad Nagar.

Sumara ushered me over to a small pit in the flat land, where she and her two companions commenced hammering large sandstone boulders into smaller rocks and then into gravel. They seemed accustomed to performing for outsiders; the routine made me uncomfortable. Sumara told me that every time she breaks a rock, she dreams of a life with less excruciatingly difficult work. She broke off a piece of sandstone just a bit smaller than my own palm and handed it to me. Subedar translated: "a gift." (A few weeks later, an airport security officer would try to confiscate my rock, claiming it was a dangerous weapon, and I surprised myself just a little bit less than I did the officer when I broke into tears, whining, "But it was a gift!" He let me keep it. I'm still embarrassed.)

Small groups of residents, young and old, began appearing on the horizon and then gathered behind the three women under the tin overhang. Old people sat closest to me so that they could hear. Children gathered at the back and hung from the metal beams that supported the blazing hot roof. People began chattering, and my interpreter translated as she could, but there was a sort of collective discussion among everyone there, with people talking at the same time, and nodding in support of one another; I couldn't keep up. At some point a middle-aged woman appeared, and Subedar pointed with a nod of his head and said, "Choti." He smiled almost mischievously. I practically cheered. Choti sat down and began recounting the terrible suffering they experienced under the slaveholders.

Both Subedar and the interpreter began translating, speaking over each other as much as the quarry workers; everyone was excited. I was glad I had the recorder so I could get it all translated later. Still, I stopped the interpreter, begged Subedar to let her do all the translating, and reminded her that it was critical that she translate every single comment verbatim. I didn't want to miss a word.

It felt like an academic dream come true, as I sat down with the people I had been teaching about for almost a decade. My research had previously focused on the transatlantic slave trade in Africa, and subjects were long deceased; the historical record of their thoughts, emotions, and motivations was limited. Here in Azad Nagar, they were very much alive.

The conversation proceeded with different members of the community piping up when a question was particularly relevant to them. It wasn't the ideal interview situation for so many reasons, but this was only meant to be an exploratory visit, so I let the conversation wander down the paths they forged. Choti and others told me about how the slaveholders had treated them. They had taken on debts when they got married or had children. The landlords beat them if they rested during work. They had accepted this fate their entire lives—and some of them were quite old—until they started talking to other people who lived nearby who had fought for and won their freedom. They admitted their fear when outside organizers first came to sensitize them. But then they became so convinced of their rights that they decided to stage a strike, along with many other communities in the area. They cut back the meals the adults ate to one a day so that they put away a little grain in reserve to prepare for the unpaid days of the strike.

Just as I was admiring their tenacity, the villagers started speaking over one another again. PGS organizers in Allahabad had encouraged me not to talk about the "sensitive" parts of Azad Nagar's history, which I took to mean the revolt, but the conversation organically morphed into a rapid-fire, multi-vocal recounting of the events of the day of the hullabol. They began telling us about the landlords' (whom they called *thekedar*s, or "contractors") response to their strike. The recording of the conversation reveals a sudden shift in the narrative that I had not expected.

> Interpreter [translating for an elderly man]: They were in tension, like they have all these people who have stopped working. "Now who will work for us?" So they all beat those people.
>
> Murphy: So the contractors beat the workers?
>
> Interpreter: The workers beat the contractors.

As I tried to understand what the interpreter told me, a tiny wizened woman who looked 70 years old, began speaking emphatically. I could discern that she was repeating a single word again and again. The word sounded to me like “marengay.” Each time she said the word, she chopped one hand into another, mimicking an axe striking wood.

> Murphy: You hit the contractors? [I imitate the hand gesture.] “Marengay?” Wait. [I turn to the interpreter for help.] What is this?

The interpreter hesitated. She didn’t translate the word for me. The elderly woman kept chopping away with her imaginary axe. Now at her wrist. Now at her neck. She made a face that suggested death.

> Murphy: You cut his hand off? You cut his neck off? You killed him?

The elderly woman, not comprehending my questions at all, of course, continued her speech, chuckling, perhaps spitefully, I thought to myself. The interpreter was decidedly not translating my questions. I was clearly confused. Others were nodding and starting to laugh too. They all sat up a little taller, united behind the elderly woman’s narration of events. Later, I was told that the woman was saying “we beat and we beat and we beat him” as she hacked away at her own hand and then her own head with her imaginary axe. Who was this "we" she spoke of? What exactly had happened? Surely this frail lady, hardly able to stand up on her own, had not killed someone herself.

> Interpreter: They were so depressed that they were living in such a bad life, so they thought that it was better to beat them … to kill them … while they are having such kind of life.

> Murphy: And so that's what they *decided*? I'm assuming they didn't *kill* anyone?

Everyone was talking at once now. I was slowly starting to remember that I'd read that someone had died during the struggle after the meeting. Ramphal and others had been arrested and scapegoated. Subedar looked extremely uncomfortable and fell silent.

> Murphy: What is this lady saying? [pointing to an animated speaker]

> Interpreter: They were so much depressed by their acts that lastly they killed him.

> Murphy: They *did* kill someone? Yeah? What did she say, she was drawing on her hands, and…?

Interpreter: The one by which they were breaking the stone, by that they killed.

Murphy: The hammer?

Interpreter: Yes. These types of things. [She points to a stone hammer used to break quarry rocks.]

The Kol workers had retaliated against their attackers with the very instruments of their enslavement. They had not carried their work tools to the meeting as a result of rushing to get there. They admitted they had brought them with the intent of fighting back if the landlords made good on their threats.

The energy in the group had shifted, and everyone was excited. They were all speaking at once, so I could not hear. The interpreter couldn't keep up; she wasn't even trying. I still was not really believing or understanding what I was being told. I didn't want to walk away from this interview believing the wild fantasies of an old lady and the untranslated folks behind her. I had to understand what had actually happened that day. I pressed the interpreter.

Murphy: What did she say?

Interpreter: Actually, these contractors were very bad characters. Also, they used to exploit the women of their households.

Murphy: Sexually, you mean?

Interpreter [Clarifying]: Yeah, sexually. [Translating again more conscientiously] So they could not tolerate all these things. So they were bound to kill him.

Murphy: And so can you just be clear one more time—did they *think* or *dream* about killing him or *actually* kill him?

Interpreter: She says they had a meeting at some date, and an election was going on at that time. So contractors were like, okay, you have to win our party. But then they decided people from our community need to win. So that discussion was going between them.

Murphy: So they got together and *talked* about killing?

Interpreter: No. They did not plan for anything, but when the contractors did not agree with them and started abusing and started fighting, then it happened.

Murphy: I just want to understand, a man actually died?

Interpreter: Yes.

Murphy [having caught someone indicating that there were four people involved]: Four guys died? Contractors?

Interpreter: No, no. One died and three got injured.

Murphy [gesturing to the people of Azad Nagar]: Did any of them die or get injured?

Interpreter: No.

Murphy: So they gathered together and beat up these four men?

Interpreter: Yes.

Murphy: Were they afraid?

Interpreter: Already they were dying while working, so what's the use. It's already next to death for them.

The conversation quickly moved on to what suddenly felt like a practiced recitation of the community's appreciation of their freedom. They defined their new freedom as living without fear, not the fear of freedom Sunit described, but simply a lack of anxiety that they would be abused or harassed or exploited at work. Their conception of freedom was grounded, too, in their ability to earn their own livelihoods. They still longed to own their own land, free of a lease or allotment, and to receive all of their entitlements without having to demand them, which would allow them to live independently without having to rely on others' help. But for a moment, they had all been describing how this one pivotal moment of deliberate violence had led to their rightful liberation. They seemed to harbor no regrets, no remorse. In fact, they seemed to be expressing a kind of collective pride.

As the conversation started to mellow, Ramphal appeared on the edge of the rocky plain. I recognized him immediately, with his lanky, muscular build, his sandy feathered hair, and his wide smile. I'd seen Ramphal testify in the documentary more times than I could count, but as much as I felt like I knew him, he didn't know me at all. He sat down, in front of all of his family and neighbors, with a kind of learned confidence and even more familiarity than the others. He began to talk, and all the cacophony died down.

"The contractor we murdered and the people who were injured were from the same family. And the pradhan of the village is also from the same family," he told me. "So what is happening is the pradhan is having that feeling in him that, okay, these are the people who murdered our family members." Ramphal recounted the years of hardship the community suffered as a result of being held responsible for the death of Virendra Pal.

Despite their collective organizing, Kashi was unable to run for office while he was in jail on charges of murder, and a Patel won instead. Then, in the 2005 village head election, Virendra Pal's own cousin was elected, and he was especially spiteful toward the liberated workers in Azad Nagar, according to reports from both Kol and Patel members of the community. The aggrieved family held all of the power in the region and used it to ensure that the people of Azad Nagar could not prosper. Ramphal pointed to the electrical lines in the distance, connecting other small communities to the power grid. There were no such lines running into Azad Nagar. He pointed to a brick building and said that they had to build it themselves, even though there was a government program that guaranteed that each adivasi family should have a sturdy brick home. He mentioned government funds allotted to all former bonded laborers and accused the pradhan of having pocketed that money and other entitlements due to the villagers. Ramphal found himself having to visit regional and provincial officials, often with 15 or 20 other Azad Nagar residents in tow, simply to maintain the modicum of freedom they had fought so hard and lost so much to gain. The lease they had built their freedom upon was due to expire in the next year, and they expected that they would be denied renewal. And then what would become of their freedom? Without a lease or access to government benefit schemes for the poor, they would return to starvation, and even, perhaps, slavery.

On later visits, I would hear conflicting accounts of Virendra Pal's demise. A few women gleefully recounted having personally beaten him to death with long wooden poles. Others remembered hacking away at the men with stone hammers and were sure that this was the cause of their tormentor's death. Another had seen a metal rod sticking out of Virendra Pal's head as he was carried away. Kanchuki told me he saw a truck fly by with what he thought was a body hanging out the back.

Perhaps unsurprisingly, none of these details ever made it into the stories told around the world of their supposedly silent revolution.

5

THE NGOIFICATION OF REVOLUTION

THE SUN IS SETTING BEHIND a sandy, stone-strewn plane that seems to stretch for miles. In the distance, a man walks slowly across the horizon, leading a small girl, maybe three years old, by the hand, as they step over boulders and sparse brush. A middle-aged woman stares into the distance, her head covered with a crimson scarf trimmed in gold thread needlework, her face decorated with a large coal-colored bindi and a gold nose ring. Gradually, we can see where the man was heading: a stone quarry, where he lifts a sledgehammer over his head and brings it down upon the rocks. An American woman's voice rises above a soundtrack of Indian flute music to dramatically intone, "This is a story of death and despair. Of hope and courage. This is the story of a village in Northern India that risked everything to be free. And the revolution that made it possible." This is *The Silent Revolution: Sankalp and the Quarry Slaves*, an 18-minute film, produced by the nonprofit organization Free the Slaves in 2006, the vehicle by which people around the globe first learned of the Azad Nagar Revolt. The voice-over tells us that the town they established is now "the happiest place in the world."

I remember feeling my scalp tingle the first time I heard that these enslaved miners had secured a lease to their own quarry. Their story resembled that of Nat Turner, Denmark Vesey, Gabriel Prosser, and so many others whose names have been lost to history—people who attempted to overthrow slavery by any means necessary. But after years of learning about the Azad Nagar Revolt, how did I miss the most critical dynamic in securing their freedom, a factor so central to all those other famous slave revolts—the violence? When I returned to the United States after visiting Azad Nagar, I obsessively rewatched the Free the Slaves video; I reread the interviews I had transcribed myself. There wasn't a single mention of a murder. Not precisely anyway. Passive voice constructions and a focus on the violence of the slaveholders consistently appeared as placeholders for the murder in scholarly and nonprofit depictions of the event—even in my own writing. The voice-over narration in *The Silent Revolution* is exemplary: "Slaves began to quietly organize; then they called a mass meeting [sound of a gunshot]. Slaveowners interrupted the meeting, attacking people, and shooting guns into the air." Ramphal's voice-over actor cuts in: "That was it. That was pretty much the last straw." The American narrator furthers the drama: "The villagers retaliated by taking up stones and chucking them at the slave owners. In this turmoil, one of the contractors died." The voice-over continues to detail the Patels' brutality without dwelling on the death: "His friends retaliated by setting fire to Sonbarsa." Another actor recites Sumara's words: "There was not one single cloth to wear, no food to eat, no utensils, nothing."[1] Ramphal: "That was a bumper year; everyone had wheat. But it was all gone." The narrator concludes, dimly: "Scapegoats were needed."

Free the Slaves cofounder Kevin Bales wrote of the Azad Nagar Revolt in his book *Ending Slavery*: "When the fight was over, one of the slaveholders was dead. Scapegoats had to be found. Ramphal and seven other villagers were falsely accused of the killing[2] and put in jail, but the retaliation didn't stop there." The focus of the violence is entirely on the slaveholders. Benjamin Skinner wrote in his book *A Crime So Monstrous*: "Few would be surprised if the quarry slaves decided to 'cut, plunder, murder and eat,' as had their forbears in order to redress the terror that they had lived with for generations," and then he does not mention at all that they had in fact cut and murdered the people who had oppressed them. In my own chapter on the uprising in *Survivors of Slavery*, I described the violence but didn't mention the death of Virendra Pal. What remained significant to all of us was that the revolt was instigated by the violence of the slaveholders and retaliated against with further violence against the quarry workers. That remains true, but the revolt—and its consequences—are far more complex.

In the longer interviews Free the Slaves conducted, there are subtle signs of the violence that underpinned the revolution. Ramphal told the Free the Slaves documentarians, for instance: "Just as we break the stones, what we think is that if any enemy comes, we will break the enemy the same way … Yes, this is our thinking: that we will walk united and the way we break the stone with the hammer and chisel, in the same way we will give a befitting reply to the enemy."

And still, we had all simply reported that a landlord *had died* in the aftermath, somehow inconsiderate of who the agent was in that death. Why didn't we call it a murder? Who was actually responsible for the killing? Why was it framed as an accidental consequence of self-defense? How did we get the impression that the Kol workers had been falsely accused? Who was responsible for framing the story this way?

It was not one deliberate obfuscation that reduced Kol violence to the passive voice. Instead it was a range of motivations, as diverse as the multi-caste, international coalition of actors engaged in this struggle, that conspired to shape the story of the Azad Nagar Revolt.

Amar's letter-writing campaign, detailing Sankalp's commitment to assisting the Kols and, more importantly, their success in assisting enslaved laborers in securing their own liberation, reached the desks of some powerful international partners in the year before the revolt. He knew that a massive social change was occurring in remote Shankargarh block. Nonetheless, he needed powerful allies if they hoped to maintain their momentum and increase the chances of liberation for more bonded laborers across India. And they had to avoid the kind of violent clash he had all along worried was inevitable.

It was only in the months just before the Azad Nagar Revolt that Free the Slaves had moved from being an idea bounced around across a dinner table to officially registering as a nonprofit organization. After Kevin Bales had traveled around the world documenting the existence of contemporary forms of slavery for his book *Disposable People*, he and a group of like-minded friends founded Free the Slaves with the goal of eradicating slavery.

Instead of producing top-down solutions, they would seek out the most successful anti-slavery organizations around the world and help them to build their capacity to assist in the liberation of ever greater numbers of enslaved people. Kevin's academic research had shown him that while not many people in the West were aware of slavery, organizations in India, Brazil, Pakistan, Ghana, and elsewhere had developed proven strategies for assisting enslaved people in their escape and freedom. Ginny Baumann, an associate director of Free the Slaves, traveled the world identifying these successful grassroots programs to make them partners.

Sankalp immediately stood out to Ginny. The Kol strategy adopted by Sankalp of acquiring mining leases represented a route to sustainable freedom that was not common among many other organizations. Free the Slaves needed to avoid the "botched emancipation" of the nineteenth century,[3] in which enslaved people were released from bondage without a social safety net to protect them from alternative forms of exploitation. The Sankalp model was one that other communities around the globe might want to replicate. Free the Slaves provided Sankalp a grant of $1,000 to support the acquisition of new leases. It was not a lot of money, but it was the largest amount Free the Slaves had ever granted or Sankalp had received.

Free the Slaves immediately recognized the importance of the workers' victory for the global anti-slavery movement. Peggy Callahan, Free the Slaves' creative force, recognized in the story a compelling visual narrative and began preparations to make *The Silent Revolution*. For his part, Kevin made the Azad Nagar story an exemplar of sustainable freedom attained through community-based, survivor-led strategies. As was the case in Amar's narration of events to the media, Kevin focused his lectures on the landlords' violence against the enslaved workers and the diabolical calculus of inequality that undergirds slavery in India.

I asked Kevin why Free the Slaves had honed in on a story that involved so much controversy, when they could just as easily have featured other villages, where there was no violence in the process of liberation. Kevin was genuinely surprised to hear that the men and women of Azad Nagar had plotted their retaliation and brought weapons with them to the rally. "I always imagined people throwing big stones, and somebody got hit in the head," he said. Again, the passive voice. He hadn't heard, as I had, the gleeful recounting of women who had pummeled Virendra Pal with poles, or the pride people expressed when they admitted that they had used their hammers and pickaxes to permanently disfigure the other Singh bullies.

Free the Slaves was overtly dedicated to nonviolent tactics in the anti-slavery projects they supported, but it could not be denied that this story simply resonated with potential donors and activists, especially in the United States, where stories of slave revolts echo nineteenth-century history. Still, they didn't dwell on the violence itself or ask too many questions about the death of the landlord.

The elision of the murder might not have been Free the Slaves' own rhetorical choice. When the rebels of Azad Nagar narrated the events, either they didn't think the murder of Virendra Pal was the most important facet of their story, or they didn't want outsiders to think it was, or someone had encouraged them not to let anyone think it was. It's still unclear which is the case. The deliberations that preceded the rally, the decision to carry weapons, the pride at having killed their abuser—these simply were not talking points in circulation. No one described the precise events of that day, and they certainly didn't take responsibility for the death of Virendra Pal. The newly liberated families of Azad Nagar collectively controlled their own narrative as much as they collectively controlled their own quarry. And the same was true years later when I went to see them and they told me without hesitation a very different story, one that very intentionally featured the murder.

The Kols had a lease to maintain and partnerships with powerful local officials they wanted to parlay into new businesses and community improvements. The eight men accused of murder remained mired in complicated legal battles. They lived just a short walk from Virendra Pal's family. There was an unspoken détente between the Kols and the Patels, so they had every disincentive to dwell on the murder.

At the end of *The Silent Revolution*, Peggy Callahan's sincere narration concludes, "It turns out the silent revolution is not so quiet after all. It is filled with sounds of laughter … and hope." She was right to internalize the hope that all of the people of Azad Nagar shared. But both Ramphal and Amar hesitated when asked about their dreams for the future. Ramphal replied that he feared expressing his greatest dreams, especially for his children. "The dream is very big that he gets an education, becomes something," he told Peggy. "But nothing can be said about what happens ahead." He knew better than to try to predict the future given the pain of his past. But Amar's response was downright discouraged. "I feel depressed more than I feel proud because there's so much more to be done."

As it turned out, Ramphal's uncertainty was warranted; Amar had every reason to fret. In fact, all of Azad Nagar's aspirations were soon revealed to be practically impossible.

Despite the quick rise to nonprofit celebrity status that the Free the Slaves documentary provided, the complex story of Azad Nagar, the murder that the Kol quarry miners had nearly gotten away with, and the impossibility of the freedom the adivasis had hoped to create for themselves remained only in the subtext. In a way, the omission of the murder was a silent and benign conspiracy between many players, none of whom were entirely conscious of the very significant redaction. Politically, diplomatically, financially, legally, it didn't make sense to stress the Kols' deliberate, unified insurrection. What mattered was that they embraced their freedom and the opportunity to share it with others. No one seemed to imagine the dire consequences of that silenced violence.

Maybe the people of Azad Nagar had less to lose when they decided to reshape the narrative to emphasize the murder years later. They had been allocated some semblance of the proverbial "forty acres" in the quarry lease, but Azad Nagar had nonetheless been cut off from all of the entrapments of freedom. They had not actually taken back the means of production; they had merely been given a special dispensation for a limited period. Though they had briefly been able to sell their own rocks in the marketplace, their lease of government-owned land had run out and was unrenewable. Now, when they mined rocks, police confiscated their tools, claiming that they were illegal miners. For the people of Azad Nagar, freedom was not simply a matter of throwing off the metaphorical shackles that kept them in debt bondage; it was something more. It meant living their lives with dignity, advocating for themselves without prejudice in the public sphere, having work that mattered to them and allowed them to feed their families and pursue their dreams. What the people of Azad Nagar expected from their liberation was more than physical freedom. They desired what Amartya Sen calls "substantive freedoms"[4]—health, well-being, political engagement, participation in the economy, dignity. For Sen, human development flourishes when people have the capacity to pursue the kind of life they have reason to value. Which is to say that people do not merely require freedom from oppression; they all deserve to be afforded the capability to achieve dignity and substantive participation in their society.

When their lease was threatened, the Kol miners realized that they no longer possessed the substantive freedoms they fought for. What their recent experience taught them was that they had a right to pursue education, political representation, economic stability, and self-determination, but they felt systematically cut off from the opportunities that would make those rights a reality, no matter how loudly they protested. They were on the brink of a crisis again and desperate for someone to help them.

The citizens of Azad Nagar felt abandoned. Free the Slaves had returned several years after their first visit and played the video for them. They were elated to see their own faces on a screen; it was the only time many of them had seen a movie at all. However, while the film had been a successful tool for Free the Slaves, it did not lead to the sorts of changes these grassroots freedom fighters had anticipated. Sankalp was actually so overwhelmed with support that they were unable to manage their growth and soon the operation was shuttered. Ramphal and the others had never heard from Kanchuki again after their release from jail—they didn't know he had been fired after the revolt. PGS had emerged with some of the old Sankalp organizers on the team, but only two new leases had been acquired by neighboring villages in the years following the revolt, despite all of the hype about the model being replicable. Trust for local organizers had significantly diminished because Sankalp and PGS seemed to the folks in Azad Nagar to be a bit too close to the Patel families, reportedly eating chicken and drinking wine with them—and, more importantly, supporting Patel candidates for local office. When I visited Azad Nagar in 2014, the villagers said they had not seen Subedar or anyone from Sankalp or PGS in years. *The Silent Revolution* video fell out-of-date and out-of-print and can hardly be found online anymore. Azad Nagar had lost its appeal and, along the way, its support system.

What Ramphal and his neighbors told me in 2014 explained why Subedar looked so nervous, why my translator kept hesitating, why no one really seemed enthusiastic about me going out to meet Choti and Sumara. The adivasis may have managed to stage a successful slave revolt, but the societal structures that once held them in slavery still remained.

Nonprofits celebrated their tenacity; a film promoted their grassroots efforts; their success inspired other adivasis to fight for their own freedom. Nonetheless, the story of the successful empowerment of adivasi people in the face of a system designed to enslave them was only part of a larger narrative. The real story of Azad Nagar had not yet been told and the foundation of their liberation—and also their continued oppression—had not been adequately understood. Without a truthful postmortem of the Azad Nagar Revolt, no one could substantively comprehend the real wages of slavery or freedom. Without accurately portraying the violence that precipitated the events, or the violence that the enslaved people resorted to when pressed to the brink, or the retaliation that followed for years, we could not possibly map out a model for successful anti-slavery resistance or sustainable freedom.

There are many tales of misrepresentation and malfeasance in the global anti-slavery narrative. I am thinking here, for instance, of the case of Somaly Mam, who may have fabricated parts of her own story and that of others[5] to support the work she was doing to assist female victims of sex trafficking in Cambodia. Or consider the insidious charade played by Christian Solidarity International, who hired people to perform as slaves to be "purchased"[6] in an auction using donor dollars as a façade, when the funds were actually being funneled to buy weapons to support the Southern Sudanese in a civil war. Even more alarming are the fairly regular exposés of anti-slavery or anti-trafficking activists harming the victims who take refuge in their shelters.[7] In this context, depicting the Azad Nagar Revolt as a silent revolution is simply not so problematic.

However, to erase the violence of their revolt ignores the self-fashioning of the people of Azad Nagar, who were so bold as to name their village for both their freedom and for their voice raising (hullabol) as a constant antagonizing reminder of the success of their struggle[8] and the need for continued attention to Kol suffering. The cultural romanticization of nonviolence and rejection of deliberate armed revolt puts oppressed classes on even more unequal footing, for we cast as immoral what is sometimes a marginalized group's last best chance for survival in the face of the extraordinary and yet everyday violence that is tacitly accepted. When we insist that dispossessed people continue to appeal to the humanity of the very same elites and administrations that have failed to grant them relief for generations, we doom them (and ourselves) to an acceptance of their oppression. When we remove violence as a legitimate response to oppression, we condone the notion that the state has the only legitimate right to use force, and we exonerate those non-state elite actors who disregard that notion themselves and enact violence with impunity nonetheless. As sociologist William Gamson suggests, when we assume that nonviolent protest is the epitome of rationality and morality,[9] we condemn as irrational and immoral what is in fact the utterly reasonable use of violence to respond to violence. When we adopt this all-too-common idealization of nonviolence, the only communities who do not get a pass on adopting violence are the most violated and marginalized of all.

6

ALL POLITICS ARE LOCAL

In a small compound of faded pastel-painted cement houses that was eerily quiet, a bony, elderly man, wearing only a piece of cloth tied around his waist, called to me from the top of a roof that was in sore need of repair. He introduced himself to us as Mahendra Singh, gram pradhan of Sonbarsa village, one of the most well-known landlords of Shankargarh and the cousin of Virendra Pal Singh.

Mahendra lived in a sparsely decorated house. I entered what appeared to serve as both his bedroom and his living room. He pulled plastic lawn chairs up to a small tea table that was itself crowded against a platform bed made of plywood and cast-off lumber covered in faded blankets and a stained cotton sheet. Hanging on the discolored pink wall above this makeshift bed was a colorful calendar a few years out of date. In small niches along the wall, Mahendra had stored piles of papers, old bottles, and the detritus an old man collects over years. On a table in the corner sat an electric lantern and something that looked like a worn-out VCR, both of which were connected to a small car battery–sized generator. Mahendra quickly dispatched a servant to fetch some milk tea and butter cookies. He muttered something to my research colleague Aman Kumar about the servant's caste status that I didn't entirely catch, but Aman later told me the comment was meant to convey Mahendra's magnanimity in allowing a dalit man to serve food.

Mahendra already knew that we'd been out to visit the people of Azad Nagar and that we were interested in the revolt, as so many others had been in the past. He told us he had long wondered when someone would come to ask about his important family and all that they had contributed to the region. Mahendra then outlined his own resumé for us. In high school and college, Mahendra had been a star athlete in kabaddi. He attended college in Allahabad, where he studied political science, history, and Hindi, and served as the student body president. He realized he didn't like village life, so he moved to Mumbai, where he worked as a government official, a bus-system administrator, a head of security for high-profile figures, and then spent a long time working for a bank. All the while, he owned land in Sonbarsa, so he visited often, but he had also invested in several businesses in Mumbai, which he'd left in the care of Virendra Pal's youngest son, when he returned to Sonbarsa to run for pradhan in 2015.

Mahendra was a reluctant leader. Powerful Brahmin community leaders had traveled to Mumbai from Sonbarsa to entice him to campaign for village head. They told Mahendra that they were no longer pleased with the leadership of the current pradhan, and there were too few Brahmins in the village to create a voting bloc to support one of their own running. They convinced Mahendra that they could guarantee him the vote of the scheduled caste and scheduled tribespeople, because they, too, felt marginalized by the current pradhan. And with Mahendra's large Patel caste group totaling nearly 450 people, many of whom were also displeased with the current pradhan's performance, he surely would win. There wasn't much of a chance to refuse; they had already put Mahendra's name on the ballot.

The election proceeded the way the Brahmins had strategized. They enlisted Subedar from PGS to help them spread the word of Mahendra's campaign to the Kols. The Kols demanded that, in return for their vote, the Patels' reign of terror had to end, and their entitlements had to be guaranteed. Now that he was the official village head, Mahendra seemed to be keeping his promises, traveling to Allahabad and Lucknow to petition for his Kol neighbors' rights, ensuring that government-provided houses and outhouses were built, bringing electricity into even the remotest parts of the village. His Kol constituents visited him often—even the men who had killed his cousin—to discuss their needs and to have him settle their disputes.

He spent most of his evenings resolving the disputes of neighbors who didn't get along or who were struggling over the meager resources that were available. During the daytime, he constantly argued with government officials who wanted to deny his community their due or who would only deliver entitlements to the poor of the village if they provided a hefty kickback. In the end, he had no time to tend to his own business, the repairs on his house, or any of his own interests.

Back in 2000, Mahendra had been living in Mumbai, but in late May (only a couple of months before the Azad Nagar Revolt took place), he heard that the Kols were planning a hullabol, and he knew this was a dangerous situation because his cousin Virendra Pal drank far too much. Virendra Pal was only called to military duty for about half of each year, which left him idle in Sonbarsa for the rest. This gave him too much opportunity for bad behavior, and Mahendra had been called many times to try to keep his cousin out of trouble. He tried giving Virendra Pal jobs or keeping him entertained otherwise, but his cousin was someone who was prone to terribly violent behavior.

When he heard the news that one of his cousins had been killed with a rock-breaking hammer to the head, he was furious. He rode immediately to the police station to press charges, refusing to bury his cousin's body until the police took action against the violent rioters. His younger cousin, Shivraj, was axed in the neck, which left his ear seriously disfigured and his jaw never set quite right.

On one of my visits to Mahendra, Shivraj was summoned to come speak to me. Shivraj was short, with dark hair and eyebrows, and he was decidedly displeased to see me in Mahendra's home.

Shivraj told me that the true culprits were the organizers from Sankalp. It was when they started appearing in the village that the workers started complaining about their debts, the interest, the work, the abuse. He couldn't imagine what the Kol people had to complain about. His family had taken care of the Kols for generations, and ensured that they were fed and housed and cared for when ill. Any time a worker got sick, it was a Patel who had paid for their medicine; it was his family that made sure Kol children didn't go malnourished. When the workers started to claim that they would not pay back their loans, he could not believe their audacity.

Shivraj and his family had fought in court for 10 years to bring Virendra Pal's murderers to justice. After the accused were bailed out, they had been allowed to walk freely in Sonbarsa as if nothing had happened, and they were even allotted their own rock quarry by the government. The Kols had killed a contractor and then walked away from their debts. Shivraj and his family had not only lost a cousin, they had lost all they believed was due to them from the workers. Much as those white southern farmers who, after the loss of the Civil War, believed it was they who should be compensated for their losses, the Shankargarh Patels wanted reparations.

Since 2005, another cousin of Virendra Pal's—and, by extension, Mahendra's and Shivraj's as well—had been pradhan of Sonbarsa. By all accounts, Tej Bahadur Singh was vengeful against the Kols. In 2010, his five-year term was up, and the pradhan seat was designated for female candidates through a state-mandated affirmative action program. So Tej Bahadur did what many male politicians do in these local elections—he campaigned for his wife to win the seat. There was one major obstacle, however.

His wife was a prime witness in the case against the Kol workers. If he had had the firm support of his own Patel community or the Brahmin community, this would not be an issue. However, animosity toward him had grown during his five years as pradhan, so he sent his wife to win the votes of the Kols. They responded to her pleas that they might be able to help her win the election if her family were to drop the charges against them for the murder of Virendra Pal.

Ten and a half years after the Azad Nagar Revolt, Shivraj took the stand in a court of law and testified under oath that several different arguments had broken out within the rally, which sent stampedes of people rushing out of the parade ground where they had gathered. Virendra Pal, who, according to Shivraj's testimony, had been relaxing in a mango orchard nearby, tried to run, but he fell down, was trampled and beaten by the crowd, and he had died in the melee. No stones were thrown, no axes wielded in Shivraj's official version of the story. In fact, he and his friends claimed that the police had manufactured the original complaint against the eight Kol men and indicated that the Patels had signed it without knowing what it said. Shivraj insisted they had absolutely no idea who had killed Virendra Pal. Nonetheless, they were quite sure that the culprit was not among the eight men who sat across from them in the courtroom for 10 straight years. No one in his family knew precisely who it was that had actually murdered Virendra Pal, so no one could be held responsible.

In the end, the court officially deemed Virendra Pal's death an accident. Even though the people of Azad Nagar openly took responsibility, I could not actually name the murderer of Virendra Pal Singh. Was it the elderly lady who hacked away at her hand in her reverie about that day? Was it Ramphal or Pardeshi or any of the others who had been named and jailed? Was it one of the many women who were the first to strike back against men bullying them? Though certain members of the community boasted about being among those who laid Virendra Pal down, no individual in Azad Nagar had ever truly confessed to striking the death blow, or even to having targeted Virendra Pal specifically.

We may never know who actually murdered Virendra Pal. But the Patel change of heart is somewhat less mysterious. Local electoral politicking managed to diffuse the situation. In the final court decision of the case against the Kols, the judge accused the Patel witnesses of lying. Though he tried to ascertain why the witnesses, including Shivraj, would protect the accused men, no one would speak a word against the Kol men after a 10-year court battle. Without evidence, the judge had to declare the Kol men innocent of all charges. After more than 10 years of anger and animosity, the Kols and the Patels had negotiated a reluctant truce.

Five years later, the Kols again voted as a bloc, this time for Mahendra, even though he's part of the family that held them in bondage for generations. Ramphal had considered running, but he did not have the votes. Mahendra promised the Kols that he would curtail the corruption that siphoned off their government funding, help them access their entitlements, and advocate for them in government offices.

The adivasi communities still lived in dire straits three years after Mahendra had been elected. Their lease had still not been renewed, and they constantly teetered on the edge of starvation. But the Kols say that Mahendra is genuinely trying to assist them. Ramphal turned to Mahendra for help securing the community's housing entitlements and electricity. Choti worked in the pradhan's house, where she was gifted used clothes and better food for her family. Matiyaari served as one of the pradhan's council members. It seemed that the whole crisis had blown over, and moreover, a true trust had grown up between them. Still, Pardeshi kept a cautious distance; Mahendra was, after all, one of *them*.

Simultaneously, over the course of a single generation, adivasi life had changed all across the region. The farms and quarries of the Allahabad region had gone from being dominated by the use of debt bondage and slave labor to the nearly ubiquitous employment of paid work. The federally mandated minimum wage is 175 rupees a day, which still leaves a person impoverished in UP, and it's not every day that adivasi laborers can secure work. The enforcement of the minimum wage had nonetheless effected significant change in the lives of the workers who had previously not been paid more than subsistence grain. People could now leave if they were unpaid for their work, which encouraged employers to pay the daily rate. Workers lodged complaints with the police when abused at work, which meant less daily violence. The lack of constantly mounting debts to repay created an opportunity for more children to escape work and go to school. The increase in regular household cash flow meant that people's diets were slightly more diversified. Increased mobility allowed some young men to migrate to cities for work, sometimes for employment in skilled fields their families never had access to.

A recent Freedom Fund report indicates that in the areas where there are grassroots organizations focusing on eradicating slavery through awareness raising, legal aid, establishment of self-help groups, aid in accessing government entitlements, and educational and health opportunities, bonded labor and enslavement have taken a nosedive. Across the more than 3,100 Indian households surveyed, bonded labor fell from an average of 56 percent[1] to 11 percent between 2015 and 2018. Households with child labor fell in Northern India from about 12 percent to about 3 percent.

This transition to free labor was not welcomed by the landlord class. As Austin Choi-Fitzpatrick documents in his book *What Slaveholders Think: How Contemporary Perpetrators Rationalize What They Do*, people like the Patels of Sonbarsa responded to increased rights among workers with a variety of strategies[2]—often with the kind of violence exhibited by Virendra Pal. "Perpetrators of bonded labor are not pathological rights violators. It is instead more likely they have a socially constructed preference for inequality." They are not the "crudely drawn villains" of our imagination, says Choi-Fitzpatrick, but are culturally conditioned to understand their oppression of tribal and lower-caste people through the lens of paternalism, which was a familiar justification of slavery in antebellum America as well. Slaveholders tend to see themselves as the protectors of helpless impoverished people who would not survive without the landlords' benevolence. Simultaneously, they see programs that are meant to protect and promote the livelihoods of tribal people as an assault on their own rights.

But by the time Choi-Fitzpatrick spoke with the landlords of Sonbarsa in 2011, they admitted that they had essentially given up trying to maintain the system of bonded labor that had undergirded their fathers' and grandfathers' prosperity. One of Virendra Pal's brothers, "Rajnesh," told Choi-Fitzpatrick, "Earlier [the workers] respected us. Those people had no options, so we would take care of them when they got sick. They treated us like gods." Once workers were free to choose their work and pursue their own interests, he felt betrayed by both the workers and the government: "The farmers got cheated. We are now stuck, being held back, while the lower class moves forward because of the many things given to them by the administration … The past will never return again. Workers will never come back and work under us."

The radical restructuring of the economy in Sonbarsa might seem to have resulted from a single moment of unpredictable and likely unreplicable violence that shaped the hyper-local village political landscape. However, similar changes were emerging all across Northern India. These changes required a complex set of government, civil society, and cultural interventions that slowly worked their way into the matrix of power that had defined the Patel/Kol dynamic for centuries. The election in Uttar Pradesh of a much-revered dalit woman named Mayawati ushered in a long slate of government programs that assisted the most marginalized in the region. The Mahatma Gandhi National Rural Employment Guarantee Act (MGNREGA) of 2005, for instance, provides 100 days of paid minimum-wage work to all manual laborers in rural areas, presenting clear competition to the landlords for the time and effort of laborers. Bonded labor had been illegal since independence, but recently enacted reparations programs provide a small compensation to allow those who escape slavery to restart their lives. More recent techno-administrative innovations make it more difficult to deny laborers their rights and their due. Daily pay and government financial subsidies are deposited directly into personal bank accounts, which have been created for practically every person in every rural village. A new phone app allows people to make official complaints against their employers, and self-designated entrepreneur advocates use their phones to submit complaints for those who cannot do it themselves. Even when they do not have adequate access to these innovations, workers are far more emboldened to pick up the phone to call their pradhan or police officer to report labor abuses than they had been in 2000 when Amar had first taken the testimonies of Kol laborers late into the night. Ramphal reports that adivasi laborers rarely made individual complaints anymore; through working with the civil society sector, workers recognized that collective action typically gained them more traction in pursuing their rights.

The seemingly ubiquitous political and economic changes taking place are not entirely explained by governmental intervention either. Instead, a robust explanation for change in India has to rely on a recognition of the adivasis' own mettle, determination, and empowerment to circumvent those local conflicts to have their needs met through the kinds of multi-caste, cross-sector grassroots collaborations that led to the Azad Nagar Revolt. That the adivasi laborers insisted they wanted land, that they continue to refuse anything less than a complete revolution, that they did manage to alter the very nature of the local economy—this is all attributable not to any government program but to their own strength in unity. Even in the face of extraordinary violence, they continued to petition in front of governments and kings to make change, and when that did not work, they fought back with their own voices—and, not insignificantly, their violence—to ensure that their revolution was won. They endured jail and criminal accusations and starvation and even death among them to see their revolution through. And once all that was won, they managed to negotiate a truce with the landlords, using the electoral system to their own advantage. This tiny group of impoverished laborers—and thousands of other tiny groups like them all over rural

India—are united to pursue the ambition of a complete transformation of society. And, slowly but surely, they seemed to be winning.

One day, just as I was leaving Mahendra's house, I asked him what was going on with the huge rock quarries I had seen on my drive in. In the past, I had seen people cracking away at boulders in barren plains. Now, hundred-foot chasms had been dug into the ground, surrounded by mountains of displaced dirt. Massive machinery laden with sand and stones traveled down newly reinforced roads. Mahendra became animated, and I saw him get angry for the first time. "We are the villagers, but no one here is working in the quarries anymore!" he told us. "They bring their own employees; they bring their own machines from outside! They dig a pit and run their machines over it and take it all away! What do we get from it? Nothing! ... They got the money. All we got is a pit."

Multimillion rupee mining companies had been haunting Sonbarsa since the beginning of Mahendra's time as pradhan. The companies polluted the environment and exiled the community from land rights and employment, affecting the lives and livelihoods of nearly everyone in the region. The "crushers," as the massive machines are called colloquially, usurped adivasi jobs and consumed Patel lands. And it was happening at a pace that was completely unfamiliar to the people of the area.

It would mean the certain end to debt bondage in the region, but not for altruistic or even political reasons. Forced labor came to its demise because it was no longer lucrative or even feasible to maintain it. A new foe had emerged that was perhaps more formidable and impermeable to revolution than the slaveholders had been. Neither the Kols nor the Patels could make out the shape of this Goliath on the horizon when they settled their case and hoped to negotiate a peace.

7

ROCK CRUSHERS AND THE INFRASTRUCTURE OF A NEW INDIA

THREE ROWS OF CHAIRS FACED the large cherry-veneered desk of B. P. Yadav, the senior mining officer in the Allahabad Ministry of Mines. B.P. is a tall, balding, bespectacled scientist, who is eager to practice his English. As we sat, others gathered in the chairs behind us—whether they assembled there to witness the visit of a foreigner or await their turn with the administrator remained unclear, and B.P. didn't seem to be concerned. B.P. has been in the Ministry of Mines for 28 years.

There is no captivity in the mining industry, he told me. "There are so many cases in the brick kilns, where captivity is. But in the stone and sand, there is none." People come from all over the country to work in the quarries because the wages are so high.

Labor conditions had significantly changed in the years since the land lease and rock mining process had become modernized. These alterations had far-reaching implications for people across the region. To begin with, small-time landlords no longer controlled the quarries or the laborers who worked there. Debt bondage systems were obsolete because there simply was not much need for human labor. The rock quarries had been mechanized. Manual labor was time-consuming and inefficient. Now, companies brought in machines from Rajasthan, and they cleared out huge swathes of rock in no time.

The leasing system itself had been updated as well. Today, if a person wants to get a lease, they can't simply petition the Ministry of Mines the way the Kol people had just a decade or two earlier. Now, individuals or entities that want a lease to a quarry would enter a bid into an online e-tender system, indicating the amount of royalties they would be willing to pay for the lease.

Tender bids typically start at around 22 million rupees,[1] or about $300,000, but some bidding wars reach over $12.5 million. Never mind the technological barriers this online auctioning system presents, which of course would eliminate people like the Kols of Shankargarh. No average person in India—adivasi or otherwise—has the resources to engage in such a bidding war. All bidders have to submit evidence that they have immediate access to funds equal to the amount they stand to pay the government in royalties in the first quarter.

I asked whether the leases provided to the Kol people only a few years ago were renewable, but B.P. said he had no knowledge of those leases and to try to look them up would be a lot of work for him, since paper records going back to 1979 are piled to the ceiling in a warehouse. He'd heard no complaints about such leases, he said.

In the mid 2010s, it became profitable for mining corporations to dig massive quarries to supply sandstone to road building and other infrastructure projects. Small sandstone leases were suddenly nonrenewable. The Ministry of Mines granted new sandstone leases for 20-year periods and new silica leases (where some of the sandstone quarries are also located) for 50 years, and renewals for government wastelands such as those awarded the Kol people in the early 2000s were unlikely to come up for renewal again any time soon. (Media reports reveal that B.P. was recently dismissed from the Allahabad office[2] for allegedly inappropriately assigning sand mining leases.)[3]

I assumed major corporations were purchasing the 20- or 50-year leases, but B.P. told me that they don't even have to bid. Instead, they sublet small, profitable sectors of other people's leases for two or three years, and completely clear the plots with heavy industrial machinery. Many Patel families may still hold leases, but they are worthless. What would have fed a leaseholder's family and provided work for hundreds of laborers for the 50 years of the lease is often taken out of the earth by corporations in 18 months. In that time, the leaseholder makes significant money—possibly more than they had ever imagined. But then they are left with a devastated plot of land, contaminated water, and royalties that they likely won't be able to pay.

Upon his election in 2014, Prime Minister Narendra Modi declared: "The first obligation of all governments is to listen to the poor and live for the poor. If we do not run the government's business for the poor, and do not run for the good of the poor, then the people of the country will not forgive us at all."[4] He made promises in line with those sentiments: new industry development in rural villages, online learning programs that would reach remote village children, more efficient transport of agricultural goods to market, tech-driven innovations to bring food to rural tables, electricity 24 hours a day, economic and political power for women, expansion of job skills, and vocational training. He insisted that under his administration, everyone would have a house with running water, electricity, and a toilet by 2022. Modi consistently describes an India under his leadership that rises to global standards,[5] that can compete with the US and China. The country would become a force to reckon with. He called this the "India First" agenda.

Modi's promises to the poor and the scheduled castes and tribes did not pan out as he had promised. Reported GDP growth was 7 percent or more, but many economists, including Modi's own former chief economist, put growth at closer to 4.5 percent. They accuse the Modi government of changing the formula for GDP shortly after coming into office so that it overestimates growth.[6] In 2017 and 2018, joblessness was at its highest since 1972.[7] Young people were feeling the job crunch the most, with 15- to 29-year-old men experiencing 18.7 percent unemployment, more than double the rate in 2011.[8] Modi promised 10 million new jobs each year, but his government created only a little over 650,000 professional posts in four years. In 2020, the Indian economy was shut down by COVID-19,[9] and the UP government began removing labor protections and rights, supposedly in an effort to jump-start the economy.

Whatever growth has been achieved in India in recent years has not trickled down to the poorest members of society. India now has the fourth-highest number of billionaires, following the US, Germany, and China, but adivasis remain among the very poorest people in the world. The rapid growth multinational corporations have reaped through the liberalization and privatization of emerging economies has led not to improved conditions and pay for those at the bottom of their production, but to efforts to hire the most vulnerable people in order to extract the very most out of them. Anthropologists Alpa Shah and Jens Lerche remind us that poverty reduction spurred on by job growth and actual equity are definitively not the same thing,[10] and that simply by infusing the economies in the poorest regions with some added cash and ensuring that workers get paid does not mean that they experience any greater freedoms or access to representation. And as these employment rates show, poverty reduction has not even been an outcome of this changing economic landscape for most people living on the margins.

Researchers have indicated that Modi's leadership has been especially dangerous for Muslim citizens of India, who in the last several years have seen a significant uptick in Islamophobic violence, and in some regions, the loss of their status as citizens.[11] The people of the scheduled tribes also suffer from extraordinary exclusion from the vision of the nation Modi is building. Amendments to the Forest Rights Act and other forestry department rulings have stripped more adivasis of their land during the Modi regime and handed it over to natural resource extraction companies. The government's own estimates indicate that between 2015 and 2018, the Modi administration diverted nearly 50,000 acres of forest for development projects[12] such as mines and roads, which are then auctioned off to massive corporations through expedited processes that are the signature of Modi's much-vaunted "ease of doing business" programs. In February of 2019, the Supreme Court ordered a million adivasis be evicted from their villages, which the Department of Forestry scheduled for reclamation when tribal people failed to prove their right to ownership. Adivasis who have been displaced have nowhere to go and no work to support them. Many are turning toward radical paramilitary groups to defend themselves against the armed war of dispossession the Indian government wages against them. Modi, for his part, has called some adivasi activists "monsters with evil mindsets"[13] while the army kills them in euphemistically designated "encounters."[14] Modi claims that the previous administration had not cared for the adivasis, but he has extended the war against the tribal people and his government has doubled down on the dispossession.

There is one promise that Modi has managed to keep: the expansion of the road system.[15] When he came into office, India was building on average 8 kilometers of road each day. Modi promised 25 to 30 kilometers per day. He has met his ambitious numbers,[16] paving 26.9 kilometers of new or expanded roads per day in 2018 and 30 kilometers in 2019, at least insofar as government reports can be trusted. Even if exaggerated, any trip between Indian cities will quickly prove that the investment in road building is significant these days, whether it is evidenced through new slick interstates or bumper-to-bumper delays caused by construction.

If you listen to the government line, these roads are designed to connect rural villages to the wealth of resources in the cities, as well as increasing jobs for the poor and raising productivity across the nation. In 2019, Modi promised that every village, no matter how small, would be connected by roads in the coming years. Roads are incredibly visible and are a tangible sign of the work of government. India's *Economic Times* reported that many voters would determine who they would support[17] in the 2019 local and federal elections based on who they thought was most responsible for new road construction. Uttar Pradesh, as the most populous state in India, has the largest representation in government. The 2018 local elections in UP played a large role in determining the makeup of the federal government and represented a large sector of the electorate in 2019's prime ministerial election. As a result, addressing poverty in UP—at least superficially—is incredibly important for any incumbent. Roads paved the way for Modi's party,[18] the BJP, to secure victory.

Much of the world's sand is shipped to China or Dubai to construct buildings and roads, but India's own needs are enough to fuel a massive infrastructure economy,[19] much of which is run by state-owned businesses, the rest operated by enormously wealthy companies such as Tata, a world leader in infrastructure development. In the 2018–2019 fiscal year alone, the Modi government's investment in the construction sector increased[20] by 21 percent to $89.2 billion. This has meant a massive influx of cash for state-run and private infrastructure companies across India, with their biggest, Reliance Industries, ranking 96th among the wealthiest companies in the world according to *Fortune*'s Global 500, with a market value of more than $180 billion.

Even significantly smaller outfits, like Dilip Buildcon, which sublets the rock quarries that pepper the Shankargarh block, have seen enormous growth. Since 2015, Dilip Buildcon has increased its revenue[21] from $386 million to $1.3 billion. India is the third leading exporter of natural stone, following only China and Italy. Other enslaved or oppressed villages nearby mine the granite that adorns our countertops. But there is so much demand in India for concrete made of the sandstone mined in places like Shankargarh that there is no need to export it to other countries.[22] Companies like Dilip Buildcon profit on both ends—they run the quarries that dig up the rock and the crushers that turn it into cement. Meanwhile, they secure the contracts to pave the roads, selling the cement to themselves, likely at a very reasonable price, in order to pave and expand the massive highways that connect India's major cities. The quarry next to Azad Nagar feeds a project[23] that Dilip Buildcon scored to expand the two-lane road from Lucknow to Sultanpur to a four-lane highway, earning them a $427 million contract, as well as a sweet $5 million bonus when they completed the project early.[24]

The District Mining Office and Environmental Impact Assessment Authority of Allahabad released a list of every rock quarry lease in the district, totaling 800 acres. Not one is under the name of a Kol person. Only one Patel held a lease in Sonbarsa as of May 2018. And yet, the government nearly doubled its royalties received[25] from Allahabad district mineral abstractions between 2015 and 2017, from 447.2 million INR to 813.7 million INR.

Meanwhile, the poorly paved road to Mahendra's house is barely navigable by an SUV, and there is still no paved road to Azad Nagar.

The enormous 50-foot-wide pool that collects in the gaping chasm that is left by Dilip Buildcon's cranes and backhoes is filled with dirty rain and groundwater, but it looks cerulean blue. In some abandoned quarries, young boys jump from the rocky ledges into the deep water. Dilip Buildcon operated three major Allahabad rock quarries in active extraction in 2018. There, they ran a bustling enterprise. Down in the pit, long-armed backhoes creakily attacked the piles of rock in all directions. Dump trucks filed out of the quarry six and seven at a time, laden with their rocky cargo. Up above, dozens of massive conveyer belts fed boulders into hoppers and then down into crushers that worked like giant rock tumblers, grinding the rocks into ever finer sand. It is only rarely that an actual person passes by. Most human labor was contained inside the tiny steel compartments, where they invisibly operated the industrial machinery that had made humans practically inconsequential to the process.

In a small air-conditioned portable building a half kilometer from the quarry and just a short distance from Azad Nagar sat Pradeep Rai, lead contractor for the site. Dilip Buildcon can produce 10,000 tons of sand a day, he told me, whereas it might take four manual laborers all day just to produce a few sacks of course gravel. Despite displacing workers from the rock quarries, Pradeep reassured me that Dilip Buildcon is dedicated to improving the lives of people in the region. "Five years ago, there was nothing here. People weren't even living here," he said. "Now that we're here, people are benefiting significantly and many people have moved here." He claimed that the company had employed 500 local workers, 200 in the transportation sector alone. He also declared that they had built small roads exclusively for the benefit of the neighboring villagers. The expansion of major roads in the area would mean more people passing through and increases in land values and opportunities. Dilip Buildcon had committed to sprinkling wastewater from the quarries on all of the roads their dump trucks travel on to decrease the spread of the dust in the air and on the roads and fields, simply to appease their neighbors. Pradeep claimed that, in other villages, after the crushers left, the village heads had made good money stocking the ponds and selling fish.

As we drove away, Amar told me that everyone we had met—the contractors and foremen, but also the drivers, the cooks, the guards, the servants—had Brahmin caste names. "They're not from here. And they're definitely not local Kol people," he explained. We drove down the road from the Dilip Buildcon site to talk to everyone we passed. A few of them were new transplants to the region, who had come solely to work for Dilip Buildcon. Everyone else told us that they didn't know any locals who worked for the major rock-crushing companies. We drove in ever widening circles around the quarry, hoping to meet the hordes of people who had benefited from Dilip Buildcon's presence, to no avail.

We stopped at the base of a tiny island of sandstone no more than 50 yards in circumference that stood at least 80 feet above the barren dirt ground. We climbed to the top, to a temple that teeters on this bizarre column of rock in the middle of what is now nowhere, and we met a guru who lived there. He told us that a major rock mining company had come to their village a few years ago and extracted all of the marketable rock in the area. He had refused to leave his temple to preserve this one shaded oasis where people can worship. The company simply mined around him and his little temple, leaving only this single pillar of land. The small temple and its surrounding shade trees and vegetation are a reminder that these quarry sites were not always barren wastelands—this land had been the anchor of vibrant communities and resting places of the dead and sites of worship and habitats for flora and fauna that may never be again.

Few locals seemed to have been employed in the quarry, but their environment had certainly paid the price. Pradeep told me that the water in the quarries was such an alluring brilliant blue because of the silica dust and minerals that leech into the water in the mining process. Drought and desertification caused by mining has led to metabolic bone diseases from water contamination, malaria from the breeding of mosquitoes in quarry pits, silicosis, tuberculosis, and bronchitis from inhalation of the rock dust.

An Allahabad District Mining Office report outlines the significant environmental hazards of these massive mechanized rock quarries,[26] some of which can be reduced with a dedicated quarry remediation plan followed faithfully by the leaseholder. If inadequate remediation takes place during the mining process or after the mine closes, local water supplies will be contaminated, the subsoil will be infiltrated by heavy metals, there will be a reduction in groundwater, crops and vegetation will no longer be sustainable in nearby fields, forests will be "displaced" or die, biodiversity will decline, and invasive species will thrive. The increased pollutant particulates in the air will affect flora, fauna, and human life, causing long-term and sometimes untreatable diseases, such as silicosis and a kind of pneumonia that results from mining sites. The same authority noted that, as of mid-2018, few of these remediation plans had been created or enacted. And it seems likely that if they did exist, they would be left to the leaseholders to carry out when the mining companies complete their sublet terms.

Where Ramphal and Choti live, silicosis is called Shankargarh-wali TB.[27] Pardeshi was suffering from it when I last visited Azad Nagar. It is incurable, and it is one of the primary reasons the average life span of a person in Shankargarh block is only 40 years.

When I went back to visit him, Mahendra laughed at Pradeep's claims. No one in his village had gained employment from these developments. The streets and fields were covered with dust. The people in his village were out of work because no one—not the Kols or the Patels—

had been able to secure rock quarry leases any longer. This means that in times when workers were not needed in the fields, there was little other work to pick up. Many of the young people were moving to the cities, which meant that when the fields were ready for planting or harvest, there were not enough people available to work.

In Sonbarsa, the effects were so stark that the Kols, the Patels, and the Brahmins all joined together in protest of Dilip Buildcon's negligence. One morning, these people, who had previously been antagonists in a struggle for rights, marched side by side down to the main road, and they lay down in the street to prevent the dump trucks from transporting their lucrative cargo. They demanded that the trucks slow their speed and that the company commit to reducing the dust spreading across their villages. The contractors came down to see what the fuss was about, and they promised to be more sensitive to the needs of the villagers.

By spring 2019, only 18 months after they set up shop in Shankargarh, Dilip Buildcon deconstructed its operation and moved away.

Twenty-three-year-old Pawan has decided the only way to survive the dissolution of his parents' dream of their own rock quarry and the substantive freedoms it provided was to leave it behind. Pawan grew up in Azad Nagar; he was only five years old when his father, Matiyaari, and his neighbors staged their revolt. When Pawan was a child, his after-school job was to carry rocks to the trucks for transport to market. He remembered coming home at night covered in dust, but with a little pocket money to show for his work. But when his parents lost the lease, he had no work, and with four children by the age of 21, he was forced to look for a job outside of Sonbarsa. He migrated to Delhi, to a construction site where Ramphal and Sumara had both worked before. They could attest to the fairness of the contractor there. In Delhi, Pawan could earn 400 rupees a day—nearly three times what laborers made working in the Patels' fields in Sonbarsa. He swept the site each day and applied oil to cement slabs being made for construction of a bridge. If he finished his assigned work within a few hours, he was allowed to relax back in the small apartment that the company provided him. He and his fellow workers, many of whom had come from Sonbarsa, prepared dinner together and socialized in the evenings. He was able to spend a little of his money on some small aluminum jewelry—he had rings on almost every finger—as well as on gifts for his wife and children that he brought home with him when he returned for short stints or holidays, as was the case when I chatted with him during Diwali. But most importantly, he was able to ensure that his family lived a better life than they would if he had remained in Azad Nagar.

Most of the young men I met in Azad Nagar had migrated for work or planned to do so as soon as possible. They saw it as their only opportunity to improve their circumstances and escape the economic and social gravity of Uttar Pradesh. I spoke to young men who had been working in Hyderabad. Unlike Pawan, they had come home to retrieve their families and bring them back to the city, "where my children's minds will grow so much more than they would here." At their jobs in Hyderabad, they were surprised by the rights afforded to workers. They followed a schedule and got to go home at five. Their employers spoke to them with respect and always paid them as promised.

Migration comes with its own hazards. Bonded labor is not restricted to rock quarry mining alone. Ali Zaidi of the Human Rights Legal Network in Allahabad told me that thousands of workers are leaving UP each year to pursue social mobility, but they are often recruited by fraudulent labor recruiters who may charge them a fee, and then withhold the workers' salary as payment for their assistance. In this way, those who are fleeing unemployment or even bondage in UP find themselves ensnared in another state, far from their support networks. Many of the migrants I spoke to said that their employers withheld a month or two of their pay at a time to ensure that they would not quit the job for fear of losing their back wages.

Adivasis who migrate for work often find that they are treated even more poorly than the local adivasi population. Employers often pay them lower wages, if they pay them at all—which also serves to undermine wages for the adivasis from that region. Migrant laborers also don't receive government entitlements such as food rations or MGNREGA guarantees of 100 days of work in the region where they migrate because they are no longer considered residents of rural areas. That hasn't been the experience of the people of Azad Nagar, so they continue to empty out the village in search of work elsewhere. Sumara and Ramphal have both worked stints in Delhi, and they plan to head back as soon as possible.

Today, Azad Nagar is visibly transformed. Alongside the low-lying mud huts stand new brick houses with higher roofs and electrical boxes on the back wall. Boys and girls ride bikes to the local school. A new well has been installed in the middle of the village. For many outside observers, these tangible changes would be a signal that all is well in Azad Nagar.

Amar Saran, now a retired high court judge in his late 60s, reflects, "Trinkets and hate. That is what we are offered in India today. That's how politicians win elections." The government provides small, substantively inconsequential, and often incomplete development projects that still don't transform either the economy or the whole society in the way JP Narayan's complete revolution had proposed. Kanchuki, now also retired deep in the countryside with his wife, lectures anyone who will listen on the failures of capitalism in India, mourning that increased profit and nationalism has meant a complete dissolution of all the utopian potential they had imagined in those years working with the adivasis.

When I visited in November 2018, Ramphal took me out to see the outhouse being constructed just beyond his new cement and brick government house.

But when I returned in June 2019, I had to urinate behind a knee-high wall of brush in the back of Sumara's courtyard, because the funds to complete the community latrine had been siphoned off by administrators. The brick and cement houses that everyone was entitled to seemed to be used for storage because they were so poorly built that villagers preferred the small mud huts they were accustomed to. Electrical boxes remained affixed to each of the new houses, but no lines ran to them, reportedly because someone had stolen all of the wooden poles allocated for the purpose.

Sumara and several women sorted berries for drying; they worried that this would be their only means of income this season. Young men gathered around Pardeshi, playing cards and laughing, but they were only in the village in the middle of the afternoon because there was no work to do in the fields, and certainly not in the quarries. By winter, however, I received the news that Pardeshi had died from silicosis at the age of 37. Practically everyone who can find the means is migrating to the city to escape similar fates. The Kol people of Sonbarsa now find themselves escaping the depressing downward spiral that was once the liberatory dream of Azad Nagar.

ACKNOWLEDGMENTS

FIRST AND FOREMOST, MY GRATITUDE goes to the Kol people of Azad Nagar and throughout Shankargarh block who shared their time, experiences, and wisdom with me over the last few years, especially Ramphal, Choti, Sumara, Matiyaari, and Pardeshi. They are true revolutionaries, who continue to inspire me with the tenacity with which they confront systemically designed and enforced adversity. In that same vein, I am indebted to Kanchuki, to whom this book is dedicated, for providing me a role model of real commitment to the lives and livelihoods of others. He is one of the unsung heroes of this story, and I hope to have done justice to his work in these pages.

Many people assisted me in research and background in India. I am eternally grateful to my colleagues Aman Kumar and Ajay Maurya, and to Rajeev Tiwari for ensuring all of our work went off without a hitch. Amar Saran and his archival tendencies were invaluable to the project. Supriya Awasthi, Sunit Singh, Subedar Singh, Bhanuja Sharan Lal, Rajneesh Yadav, Santosh Pandey, Ali Zaidi, Aman Khan, and Santosh Rautiya all helped me understand the terrain of anti-slavery work and adivasi rights in Uttar Pradesh.

Special thanks to Kevin Bales and Ginny Bauman for insight into the work Free the Slaves did in Sonbarsa, even when we realized the story the people in Azad Nagar were telling had taken a turn none of us had expected. Thanks to Terry Fitzpatrick at Free the Slaves' offices for his patience when I visited to study the recordings of the Kol laborers many years ago. Thanks to Austin Choi-Fitzpatrick for discussing his experiences in Sonbarsa with me.

Thanks to all of the people who read drafts of all or part of this book or who provided comments on it during presentations and conversations: especially Pallavi Rastogi, Ashley Howard, Julia Lee, Rian Thum, Amar Saran, Aman Kumar, Sital Dhillon, Fiona deHoog Cius, Severyna Magill, Cindy Morgan, David Gilmartin,

Avinash Singh, Harleen Singh, Libby Otto, Todd Ochoa, and James Lopez. And to the dozens of other people who I've plied with this tale. Huge thanks to Sanjog Rupakheti, Alpa Shah, and Ashley Howard for all of the brilliant reading suggestions. Thanks to my tireless research assistants who have been working on this project for so many years now: Jasmine Jackson, Lauren Cutuli, Marley Duet, Sarah Neal, and Ariel Hall. And thanks to Chris Schaberg for constantly nudging me to write a public-facing book.

I am grateful to Nicholas Lemann and Jimmy So for seeing the value of this grassroots revolution and its aftermath for curious but busy readers and to Jeff Wasserstrom for connecting us. They provided the perfect opportunity to amplify the story of Azad Nagar and their struggle for sustainable freedom.

This work was funded in part by the National Endowment for the Humanities Public Scholar program, a British Academy visiting fellowship, and the National Humanities Center John G. Medlin, Jr. fellowship. It was also supported by several universities at which I have had the pleasure of working in the last few years: Loyola University New Orleans, Sheffield Hallam University's Helena Kennedy Centre for International Justice, and the University of Nottingham Department of English.

For his incredible patience and inexhaustible curiosity, I am ever grateful to Rian Thum. Thanks to Hillary Eklund and Greg Larsen for bringing me to India, where I connected with the people of Azad Nagar. And, as always, to my krewe in New Orleans, who ensure that I play as hard as I work.

FURTHER READING

The culture, history, and experiences of adivasi ("scheduled tribes") people in India remain underrepresented, whether in scholarship or public writing. There are several adivasi autobiographies written in or translated into English that provide both a sense of the marginalization of the adivasis but also a celebration of the lived experiences of those who, typically through education and migration, rise out of the poverty of dispossession. I highly recommend Venkat Raman Singh Shyam's memoir, which he wrote and illustrated, titled *Finding My Way* (Navayana, 2016), which is a stunning depiction of his growth as an artist, starting with his childhood surrounded by both the lush forests and vivid storytelling traditions of

Sijhora in Madhya Pradesh. Temsula Ao wrote *Once Upon a Life: Burnt Curry and Bloody Rags* (Zubaan, 2014) as a testimony of her life meant to be shared with her children who never knew the full extent of her marginalization as an orphaned adivasi girl child. Adivasi athletes Mary Kom and Baichung Bhutia have both told their life stories (either as memoir or to a biographer) of their commitment to sport and rise to fame as a boxer and a soccer player, respectively.

The history of the Kol Insurrection and Kol life in the nineteenth and early twentieth centuries described in chapter two is woven from government documents and reports, anthropological accounts, and early histories, which make for interesting reading, both for the inclusion of direct Kol testimonies and gleaning a sense of how Indian government officials and Westerners understood the grievances of the adivasi communities, which are both sympathetic to Kol causes and, of course, also marked by the prejudices of their own time. I drew most heavily from Jagdish Chandra Jha's *The Kol Insurrection of Chota-Nagpur* (Thacker, Spink, and Co, 1964) and Walter Griffith's *The Kol Tribe of Central Asia* (Royal Asiatic Society of Bengal, 1946).

More recent scholarship on adivasi life, though not necessarily on Kol life in particular, has focused on the long history of dispossession that has been systematically imposed by successive generations of Indian state and federal governments. Alpa Shah's *In the Shadows of the State* (Duke, 2010) and Shah et al's *Ground Down by Growth* (Pluto, 2018), Nandini Sundar's edited collection titled *The Scheduled Tribes and Their India* (Oxford, 2016), and Dev Nathan and Virginius Xaxa's edited collection *Social Exclusion and Adverse Inclusion* (Oxford, 2012) provide contemporary anthropological, sociological, and political research on adivasi communities typically through significant stints of participant observation in small communities, similar to the one in Sonbarsa where the Azad Nagar Revolt unfolded. Felix Padel and Samarendra Das's *Out of This Earth* (Orient BlackSwan, 2010) is an extraordinary anthropological study of the way corporate mining projects have displaced tribal communities. These works together provide a sense both of the shared marginalization of adivasi communities and the incredible diversity of adivasi cultures, traditions, and experiences across India.

Much of the scholarship and media coverage of adivasi rights has focused on armed resistance to government incursions on their land. While the Indian government has identified Maoist rebels as "the biggest threat to Indian internal security," many academics and journalists who have spent significant time with Naxalists or with other adivasis (armed or unarmed) are able to provide context that suggests that the dispossessed adivasis are simply defending themselves against armed incursions by the government against their homes, lives, and livelihoods. Alpa Shah in *Nightmarch* (Hurst & Co, 2018) and Arundhati Roy in *Walking with the Comrades* (Penguin, 2011) both take to the forest to live with the Maoists to understand how they fight for their very existence day to day. Nandini Sundar's *The Burning Forest* (Verso, 2019) traces both the emergence of Maoist resistance in response to the government's war on adivasis and the legal case the author and the adivasis are making against the government together.

To understand more about caste in India and the struggles to provide some forms of representation and security for the scheduled castes and tribes, a good place to start is with *The Annihilation of Caste* (Verso, 2014), a speech written (but never delivered) by B. R. Ambedkar, the dalit politician and original drafter of the Indian constitution. It is useful to pair his work with the thoughtful critique of Gandhi's response to Ambedkar by Arundhati Roy titled "The Doctor and the Saint," which is included as an introductory essay in the Verso volume or as its own monograph (Haymarket, 2017). *Interrogating Caste* by Dipankar Gupta (Penguin, 2000) provides a nuanced sociological study of how caste influences every aspect of political, economic, and social life in India. For an accessible but incisive narrative of the most recent turn toward Hindu nationalism by the current Modi government, a must read is K. S. Komireddi's *Malevolent Republic* (Hurst & Co, 2019).

Before I went out to visit the people of Azad Nagar, several other researchers and journalists had covered their experience in films or short sections of larger works. Free the Slaves' film *The Silent Revolution: Sankalp and the Rock Quarry Miners* (2006) first introduced the anti-slavery world to the cause. Kevin Bales briefly discusses their plight and their route to freedom in his book *Ending Slavery* (University of California Press, 2008). Benjamin Skinner's *A Crime So Monstrous* (Free Press, 2008) interweaves the story of Azad Nagar into a larger frame of Indian bonded laborers. My own book, *Survivors of Slavery* (Columbia, 2014), includes a chapter on the Sonbarsa uprising, featuring several full-length transcriptions of Free the Slaves' interviews with the people of Azad Nagar and their activist allies. Austin Choi-Fitzpatrick's *What Slaveholders Think* (Columbia, 2017) is the only extended study that considers the lives and anxieties of the landlord class, and his research was conducted in Uttar Pradesh and includes landlords from Shankargarh block, making it particularly relevant and inspiring for this project.

Finally, other studies on contemporary forms of slavery are also useful for understanding the global trends that make slavery possible and for illuminating the debates that animate the anti-slavery movement today. Kevin Bales's

Disposable People (University of California Press, 1999) is an indispensable primer on the issue. Genevieve LeBaron's report "Confronting Root Causes: Forced Labour in Global Supply Chains" (2019) and recent book *Combatting Modern Slavery: Why Labour Governance Is Failing and What We Can Do About It* (Polity, 2020) provide a nuanced economic lens for understanding the persistence of forms of forced labor in the twentieth and twenty-first centuries and how to address the systems that undergird it. Joel Quirk's *The Antislavery Project* (Penn Press, 2014) contextualizes the contemporary anti-slavery movement within the history of abolitionism and critiques the slow process of undoing the societal structures that make slavery possible. Sally Engle Merry puts pressure on the data we use to measure and explain contemporary slavery and human trafficking in *The Seduction of Quantification* (Chicago, 2016). I analyze the contours of contemporary first-person narratives of slavery and critique the misrepresentation of survivor lives and voices by the anti-slavery movement in my book, *The New Slave Narrative* (Columbia, 2019).

NOTES

INTRODUCTION

1. International Labour Organization and Walk Free Foundation, "Global Estimates of Modern Slavery: Forced Labour and Forced Marriage," 2017. https://www.ilo.org/wcmsp5/groups/public/@dgreports/@dcomm/documents/publication/wcms_575479.pdf.

CHAPTER ONE

1. All quotes from the villagers of Sonbarsa and the Sankalp organizers in this chapter are from interviews collected by Free the Slaves for their *Silent Revolution*

documentary, which can be found at Free the Slaves' offices in Washington, DC. Many of them can be found transcribed in full in Laura Murphy, *Survivors of Slavery: Modern-Day Slave Narratives* (New York: Columbia University Press, 2014). Translations of the interviews are slightly different than in *Survivors of Slavery* because those are from a simultaneous interpretation, whereas the translations included in this book are from the original video recordings of the Sonbarsa interviewees.

2. K. S. Komireddi, *Malevolent Republic: A Short History of the New India* (London, Hurst, 2019), p. 6.
3. See, for instance, Prabhash K. Dutta, "Patels and Patiddars of Gujarat: Descendants of Ram and worshippers of Krishna," *India Today*, December 7, 2017. https://www.indiatoday.in/assembly-elections-2017/story/patels-and-patidars-of-gujarat-descendants-of-ram-and-worshippers-of-krishna-1102486-2017-12-07.
4. "India: Poverty in India—The Challenge of Uttar Pradesh," World Bank Group, May 8, 2002. http://documents.worldbank.org/curated/en/633781468771699829/pdf/multi0page.pdf, 9.
5. "Uttar Pradesh State Brief," World Bank Group, May 20, 2016, https://issuu.com/worldbankindia/docs/india-uttarpradesh-state-brief.
6. "The Global Slavery Index 2018," Walk Free Foundation, 2018, https://downloads.globalslaveryindex.org/ephemeral/GSI-2018_FNL_190828_CO_DIGITAL_P-1578094201.pdf, 87.

7. Megan Moodie, *We Were Adivasis: Aspiration in an Indian Scheduled Tribe* (Chicago, University of Chicago Press, 2015); Sangeeta Dasgupta, "Adivasi Studies: From a Historian's Perspective," *History Compass*, September 2018, https://www.researchgate.net/publication/327595137_Adivasi_studies_From_a_historian's_perspective, 2. They also do so to resist identifying with the arbitrary state-determined distinctions that make the Kols a scheduled tribe in most of India but a scheduled caste in Uttar Pradesh, despite Kol protests that they should be designated tribal and get access to the entitlements set aside for tribal peoples. This designation excludes them from many of the land and rights protections guaranteed the so-called "tribal" people in Uttar Pradesh. I will describe them as "adivasi" throughout this book in consideration of this problem. See Omar Rashid, "Kols in UP: A Life without Rights," *The Hindu*, July 13, 2016, sec. Other States, https://www.thehindu.com/news/national/other-states/kols-in-up-a-life -without-rights/article4602546.ece.
8. Walter F. Griffiths, *The Kol Tribe of Central India* (The Royal Asiatic Society of Bengal, 1946), p. 208.
9. J. C. Jha, *The Kol Insurrection of Chota-Nagpur* (Calcutta, Thacker, Spink, 1964), p. 37.
10. Joint Commissioners to Government, November 16, 1832, British Library Volume F.4.1502/58891.
11. J. C. Jha, *The Kol Insurrection of Chota-Nagpur*, pp. 36–37.

12. Statement of Bindraee (sic), April 19, 1832, Enclosure in Fort William Consultation of June 19, 1832, British Library Volume F.4.1363/54227, pp. 299–301.
13. J. C. Jha, *The Kol Insurrection of Chota-Nagpur*, 155, 157.
14. J. C. Jha, *The Kol Insurrection of Chota-Nagpur*, pp. 105, 122–123, 133–139.
15. Statement of Bindrie (sic), February 12, 1832. Enclosure in Fort William Consultation, Joint Commissioners to Government, February 28, 1832, British Library Volume F.4.1363/54227, 23.
16. J. C. Jha, *The Kol Insurrection of Chota-Nagpur*, p. 177.
17. J. C. Jha, *The Kol Insurrection of Chota-Nagpur*; Jha, "The Kol Rising of Chota-Nagpur and Its Causes," New Delhi, Indian History Congress, 1958, pp. 440–446.
18. For a synthesis of government reports on the brutality of the massacres, see J. C. Jha, *The Kol Insurrection of Chota-Nagpur*, pp. 172–185.
19. J. C. Jha, *The Kol Insurrection of Chota-Nagpur*, p. 180.
20. Vice President's Minute, Fort William Judicial Consultation, April 17, 1832. British Library Volume F.4.1363/54227, 57.
21. Walter F. Griffiths, *The Kol Tribe of Central India* (Kalpz Publications, 2019), p. 268.
22. Walter F. Griffiths, *The Kol Tribe of Central India*, p. 272.
23. B. R. Ambedkar, *Annihilation of Caste* (New York: Verso), pp. 248–250.
24. Arundhati Roy, *Walking with the Comrades* (New York: Penguin, 2011), p. 43.

25. See, for instance, Amir Hasan, *The Kols of Patha* (Allahabad: Kitab Mahal, 1972), pp. 222–223; https://catalog.hathitrust.org/Record/001266347.
26. Akhil Bharatiya Samaj Sewa Sansthan, "Land Distribution for Kol Tribals in Uttar Pradesh," Aadi Creations. http://absss.in/land-distribution -for-kol-tribals-in-uttar-pradesh.

CHAPTER TWO

1. Jayaprakash Narayan, "Total Revolution," 1975; https://www.mkgandhi.org/jpnarayan/total _revolution.htm.
2. Amar Saran, "Notes on Visit to Some Villages in Shankargarh and Bonded Labour," June 18, 1998, p. 1.
3. Amar Saran, letter to District Magistrate of Allahabad, June 18, 1998, p. 2.
4. Amar Saran, untitled notes, June 18, 1998, p. 1.
5. Amar Saran, letter to Minister Shri Laxmidar Mishra, July 25, 1998, p. 3.
6. Laura Murphy, *Survivors of Slavery*, p. 160.
7. Amar Saran, Letter to District Magistrate Alok Tandan, August 22, 1998, p. 6.
8. Amar Saran, Letter to District Magistrate Alok Tandan, August 22, 1998, p. 7.
9. Despite the Oxford English Dictionary's suggestion that hullabaloo is a word native to the English language, the meaning of that playful children's word certainly resonates with this Hindi one.

10. "Kol Tribals' Tale of Woes," *Times of India*, 9/12/99; "Pitiable Condition of Kols Working in Shankargarh," *Northern India Patrika*, September 12, 1999.
11. "Tribals Call Off Agitation for Four Days," *Times of India*, Lucknow Edition, December 13, 1999.
12. Rajesh Bhattacharya, Snehashish Bhattacharya, and Kaveri Gill, "The Adivasi Land Question in the Neoliberal Era," in Anthony P. D'Costa and Achin Chakraborty (ed.), *The Land Question in India: State, Dispossession, and Capitalist Transition* (New York, Oxford University Press, 2017), pp. 182, 176; and Alpa Shah, *Nightmarch: Among India's Revolutionary Guerrillas* (The University of Chicago Press, 2018).
13. Austin Choi-Fitzpatrick, *What Slaveholders Think: How Contemporary Perpetrators Rationalize What They Do* (New York: Columbia University Press, 2017), pp. 99, 102.
14. Arundhati Roy, "The Doctor and the Saint," in B. R. Ambedkar, *Annihilation of Caste*, S. Anand (ed.), Verso: 2014, p. 25.
15. Laura Murphy, *Survivors of Slavery*, pp. 146–157.
16. V. R. Krishna Iyer, "Atrocities on Adivasis," *Outlook*, June 19, 2003.
17. G. C. Pal, "Atrocities against Adivasis: An Implicit Dimension of Social Exclusion," in V. Srinivasa Rao (ed.), *Adivasi Rights and Exclusion in India*, pp. 215–240.
18. I was given access to photograph the entire police blotter for the years leading up to and following the Azad Nagar Revolt, and the record confirms that the police kept no

record of Patel aggressions against Kols during the period before the revolt. Sumara successfully filed one complaint against the landlords who abused them two months after the revolt.

CHAPTER THREE

1. It may seem counterintuitive to think of enslaved people having the right to vote, but in India, bonded labor is illegal, such that while bonded laborers do not have the ability to walk away from bondage, they maintain all the political rights of citizens.
2. On the one hand, this strategy responded to the discretionary powers of the pradhan and his ability to dole out entitlements to people of his own caste. See Véronique Gille, "Applying for Social Programs in India: Roles of Local Politics and Caste Networks in Affirmative Action," *Journal of Comparative Economics* 46, no. 2 (June 2018), pp. 436–456; https://www.sciencedirect.com/science/article/pii/S014759671730094X. Unfortunately, however, the Kols were likely overly hopeful here as well. Significant research suggests that even when a marginalized group like the Kols wins a panchayat election in rural India, they are not able to exercise political power or determine the fate of government program benefits, etc., in the way more dominant groups are. See Sobin George, Manohar Yadav, and Anand Inbanathan, *Change and Mobility in Contemporary India:*

Thinking M. N. Srinivas Today (Routledge, 2020); Thibaud Marcesse, "Public Policy Reform and Informal Institutions: The Political Articulation of the Demand for Work in Rural India," *World Development* 103 (March 2018), pp. 284–296. https://www.sciencedirect.com/science/article/pii/S0305750X17303480; Siwan Anderson, Patrick Francois, and Ashok Kotwal, "Clientelism in Indian Villages," *American Economic Review* (2015), pp. 1780–1816. https://www.aeaweb.org/articles?id=10.1257/aer.20130623.

3. Siwan Anderson, Patrick Francois, and Ashok Kotwal, "Clientelism in Indian Villages," *American Economic Review*, 2015.
4. Kevin Bales, *Ending Slavery: How We Free Today's Slaves* (University of California Press, Ltd, 2007), p. 67.
5. *Allahabad Government vs. Matiyaari Kol*, Court Session Number 937/2000.
6. Chandra Bhushan, Rich Lands Poor People: Is "Sustainable" Mining Possible? Centre for Science and Environment, July 28, 2008, p. 42.

CHAPTER FIVE

1. *The Silent Revolution: Sankalp and the Quarry Slaves* (film), Free the Slaves, 2006.
2. Kevin Bales, *Ending Slavery: How We Free Today's Slaves*, p. 67.

3. Kevin Bales, *Disposable People: New Slavery in the Global Economy* (University of California Press, 1999), p. xxi; Kevin Bales, *Understanding Global Slavery: A Reader* (University of California Press, 2005), p. 6.
4. Amartya Sen, *Development as Freedom* (Knopf, 1999), p. 18.
5. Simon Marks, "Somaly Mam: The Holy Saint (and Sinner) of Sex Trafficking," *Newsweek*, May 21, 2014; https://www.newsweek.com/2014/05/30/somaly-mam-holy-saint-and-sinner-sex-trafficking-251642.html.
6. E. Benjamin Skinner, *A Crime So Monstrous: Face-to-Face with Modern-Day Slavery* (Free Press, 2008), pp. 66–70.
7. Kimberly Walters, "Scandals in Sex Worker Rescue Shelters: Is 'Awful' Distracting from 'Lawful'?: How Should We Channel Concern over the Growing Number of Anti-trafficking Scandals?" openDemocracy, December 12, 2018; https://www.opendemocracy.net/en/beyond-trafficking-and-slavery/scandals-in-indias-raid-and-rescue-shelters-is-awful-distracting-from/.
8. This interpretation of events is influenced by Gay Seidman's research on memories of the anti-Apartheid struggle. See Gay Seidman, "Guerrillas in Their Midst, Armed Struggle in the South African Anti-Apartheid Movement," *Mobilization* 6: 2 (Fall 2001), pp. 111–127.
9. William Gamson, *The Strategy of Social Protest* (Dorsey, 1975), pp. 72–73.

CHAPTER SIX

1. "Unlocking What Works: How Community-Based Interventions Are Ending Bonded Labour in India." Freedom Fund, September 2019, pp. 1, 4. See also P. Oosterhoff, S. Bharadwaj, A. Chandrasekharan, P. Shah, R. B. Nanda, D. Burns, and A. Saha, "Participatory Statistics to Measure Prevalence in Bonded Labour Hotspots in Uttar Pradesh and Bihar: Findings of the Base- and End-Line Study," Brighton: IDS, 2019; and R. B. Nanda, A. Chandrasekharan, P. Oosterhoff, and D. Burns, "Participatory Research, Planning and Evaluation Process in Uttar Pradesh and Bihar Hotspots Summary Results: Participatory Action Research," Brighton: IDS, 2019.
2. Austin Choi-Fitzpatrick, *What Slaveholders Think.*

CHAPTER SEVEN

1. Bidding starts at 110 rupees in royalties per cubic meter of rock or sand extracted from the ground. This calculation is based on B.P.'s explanation that new machinery produces an average of 20,000 cubic meters of rock per hectare, and the plots typically run around 10 to 15 hectares. Bids sometimes reach 3,000 rupees per cubic meter.
2. "Govt Dismisses Mining Dept Clerk," *Business Standard*, June 26, 2019; https://www.business-standard.com/

article/pti-stories/govt-dismisses-mining-deptt-clerk-119062601327_1.html

3. "Govt Dismisses Mining Dept Clerk," *Business Standard*, June 26, 2019; https://www.business-standard.com/article/pti-stories/govt-dismisses-mining-deptt-clerk-119062601327_1.html.
4. Narendra Modi, "Text of Prime Minister Shri Narendra Modi's Reply on Motion of Thanks on President's Address in Lok Sabha," June 11, 2014; https://www narendramodi.in/text-of-prime-minister-shri-narendra-modis-reply-on-motion-of-thanks-on-presidents-address-in-lok-sabha-2820.
5. Narendra Modi, "Text of Prime Minister Shri Narendra Modi's Reply on Motion of Thanks"; Narendra Modi, Victory Speech in Vadodara, May 16, 2014. https:// www.indiatoday.in/elections/video/narendra-modi-bjp-vadodara-lok-sabha-polls-2014-result-453027-2014-05-16.
6. Arvind Subramanian, "India's GDP Mis-estimation: Likelihood, Magnitudes, Mechanisms, and Implications: CID Faculty Working Paper No. 354," Harvard University Center for International Development, June 2019; https://www.hks.harvard.edu/centers/cid/publications /faculty-working-papers/india-gdp-overestimate.
7. Sameer Hashmi, "Is India Exaggerating Its Economic Growth?" BBC News, Mumbai, June 13, 2019; https://www.bbc.co.uk/news/world-asia-india -48609326.

8. Peter S. Goodman, "Modi Promised Better Days and Bridges. India's Voters Are Still Waiting," *New York Times*, May 16, 2019; https://www.nytimes.com/2019/05/16/business/india-modi-election-economy.html.
9. "Key Labour Laws Scrapped in UP for 3 Yrs as Yogi Govt Brings Major Reform to Restart Economy," Print, May 8, 2020. https://theprint.in/economy/key-labour-laws-scrapped-in-up -for-3-yrs-as-yogi-govt-brings-major-reform-to-restart-economy/416925/.
10. Alpa Shah, Jens Lerche, Richard Axelby, Dalel Benbabaali, Brendan Donegan, Jayseelan Raj, and Vikramaditya Thakur, *Ground Down by Growth: Tribe, Caste, Class and Inequality in Twenty-First Century India* (Pluto Press, November 2017), pp. 11, xi.
11. Christophe Jaffrelot, *Modi's India: Hindu Nationalism and the Rise of Ethnic Democracy* (Princeton UP, 2021); K.S. Komireddi, *Malevolent Republic* (Hurst & Co, 2019); Kapil Komireddi, "Humiliating Kashmir Is Part of Modi's Plan to Remake India," *Guardian*, August 6, 2019, https://www.theguardian.com/commentisfree/2019/aug/06/narendra-modi-india-kashmir-revoke-special-status; Priya Chacko and Ruchira Talukdar, "Why Modi's India Has Become a Dangerous Place for Muslims," Conversation, March 3, 2020; https://theconversation.com/why-modis-india-has-become-a-dangerous-place-for-muslims-132591.
12. Mayank Aggarwal, "In Three Years, Centre Has Diverted Forest Land the Size of Kolkata for Development

Projects," Scroll, January 8, 2019; https://scroll.in/article/908209/in-three-years-centre-has-diverted-forest-land-the-size-of-kolkata-for-development-projects; Ben Chako, "Communists Challenge India's Modi Over Mass Evictions of Indigenous People," Morning Star, February 22, 2019; https://morningstaronline.co.uk/article/w/communists-challenge-india%27s-modi-over-mass-evictions-of-indigenous-people.

13. "Congress Supports Urban Naxals, Says PM Modi in Chhattisgarh, Sparks Row," *India Today*, November 9, 2018; https://www.indiatoday.in/elections/chhattisgarh/story/narendra-modi-chhattisgarh-bjp-bastar-rahul-gandhi-urban-naxals-1385144-2018-11-09.
14. See, for instance, Mrityunjay Bose, "26 Naxals Killed in Encounter with Police in Gadchiroli," *Deccan Herald*, November 14, 2021, https://www.deccanherald.com/national/west/26-naxals-killed-in-encounter-with-police-in-gadchiroli-1050227.html; Vijaita Singh, "160% Rise in Killings of Naxals in 2016," *The Hindu*, January 7, 2017; https://www.thehindu.com/news/national/%E2%80%98160-rise-in-killings-of-Naxals-in-2016%E2%80%99/article17001384.ece.
15. G. Seetharaman, "Modi Government Looks to Help India Realize Road-Building Potential; But Faces Many Challenges," *Economic Times*, August 3, 2014. https://economictimes.indiatimes.com/news/economy/infrastructure/modi-government-looks-to-help-india-

realize-road-building-potential-but-faces-many-challenges/articleshow/39495005.cms.

16. Nirmala Sitharaman and K. V. Subramanian, "India Economic Survey 2018–19: Key Highlights," report for the Indian government, July 4, 2019; https://assets.kpmg/content/dam/kpmg/in/pdf/2019/07/KPMG-Flash-News-Indian-Economic-Survey-2018-19-Key-Highlights.pdf; India Brand Equity Foundation, "Road Infrastructure in India," October 2019; https://www.ibef.org/industry/roads-india.aspx.
17. "Is PM Narendra Modi on a Road to Nowhere in Uttar Pradesh?" *Economics Times*, February 23, 2017; www.economictimes.indiatimes.com/articleshow/57304190.cms?from=mdr&utm_source=contentofinterest&utm_medium=text&utm_campaign=cppst//economictimes.indiatimes.com/articleshow/57304190.cms?from=mdr&utm_source=contentofinterest&utm_medium=text&utm _campaign=cppst.
18. Rajat Arora, "NHAI Awards Four Laning of Lucknow-Sultanpur Highway to Dilip Buildcon," *Economic Times*, September 27, 2016; www.economictimes.indiatimes.com/articleshow/54546624.cms?utm_source=contentofinterest&utm_medium=text&utm_campaign=cppst//economictimes.indiatimes.com/articleshow/54546624.cms?utm_source=contentofinterest&utm_medium=text&utm_campaign=cppst.

19. Vince Beiser, "The Deadly Global War for Sand," *Wired*, March 26, 2015.
20. Global Data, "Construction in India: Key Trends and Opportunities to 2023," March 2019; https://www.researchandmarkets.com/reports/4757630/construction-in-india-key-trends-and?utm_source=GNDIY&utm_medium=Press Release&utm_code=jg8qkh&utm _campaign=1268548+-+India%27s+Construction+Market +Through+2014-2023+by+Sector+%26+Sub-sector&utm_exec=joca220prd.
21. "Dilip Buildcon Ltd," Reuters Financials, Dec 27, 2019; https://www.reuters.com/companies/DIBL.NS/financials.
22. P. Madhavan and Sanjay Raj, "Budhpura 'Ground Zero' Sandstone Quarrying in India," India Committee of the Netherlands, December 2005, p. 7.
23. "4-laning of Lucknow-Sultanpur Section to Cost Rs 2,845 cr," United News of India, September 29, 2016; http://www.uniindia.com/4-laning-of-lucknow-sultanpur-section-to-cost-rs-2-845-cr/india/news/639506.html.
24. "Dilip Buildcon Ltd—Issue of Completion Certificate and Entitled to Maximum Bonus of Rs. 37,90,08,000/- in Lieu of Earlier Completion," *The Hindu BusinessLine*, July 9, 2019; www.thehindubusinessline.com/companies/announcements/others/dilip-buildcon-ltd-issue-of-completion-

certificate-and-entitled-to-maximum-bonus-of-rs-379008000-in-lieu-of-earlier-completion-188-days-prior-for-the-project-four-laning-of-lucknow-sultanpur-section-of-nh-56-from-km-11500-design-cha/article28328989.ece#.

25. "District Survey Report for (Planning and Execution of) Minor Mineral Excavation (In-Situ Rock): Preliminary Draft," District Environmental Impact Assessment Authority, Allahabad and District Mining Office, Allahabad Department of Geology and Mining, Uttar Pradesh, Submitted May 15, 2018.
26. "District Survey Report for (Planning and Execution of) Minor Mineral Excavation (In-Situ Rock): Preliminary Draft," pp. 97–98.
27. E. Benjamin Skinner, *A Crime So Monstrous*, p. 212; Chandra Bhushan, Rich Lands Poor People, p. 42.

ABOUT THE AUTHOR

LAURA T. MURPHY is professor of Human Rights and Contemporary Slavery at the Helena Kennedy Centre for International Justice at Sheffield Hallam University in the UK. She is the author of *The New Slave Narrative: The Battle over Representations of Contemporary Slavery*, *Survivors of Slavery: Modern-Day Slave Narratives*, and *Metaphor and the Slave Trade in Western African Literature*. Her work has been funded by the National Endowment for the Humanities, the British Academy, and the National Humanities Center.